LOVE

爱出者爱返，福往者福来

童年不缺爱，人生才能饱满
给孩子爱和自由，孩子就会自行运转

教育的常识

尹建莉 —— 编著

尹建莉父母学堂
2021年教育日历

时代文藝出版社

图书在版编目（CIP）数据

教育的常识/尹建莉编著.—长春：时代文艺出版社，2020.8
ISBN 978-7-5387-6489-5

Ⅰ.①教… Ⅱ.①尹… Ⅲ.①儿童教育-家庭教育 Ⅳ.① G782

中国版本图书馆 CIP 数据核字 (2020) 第 144313 号

出 品 人	陈 琛
产品总监	邓淑杰
责任编辑	王 峰
监 制	黄 利 万 夏
主 编	郎世溟
特约编辑	马 松 安莎莎
导读配音	郑莺燕
营销支持	曹莉丽
装帧设计	**紫图装帧**

本书著作权、版式和装帧设计受国际版权公约和中华人民共和国著作权法保护
本书所有文字、图片和示意图等专有使用权为时代文艺出版社所有
未事先获得时代文艺出版社许可
本书的任何部分不得以图表、电子、影印、缩拍、录音和其他任何手段
进行复制和转载，违者必究

教育的常识

尹建莉 编著

出版发行 / 时代文艺出版社
地址 / 长春市福祉大路5788号 龙腾国际大厦A座15层 邮编 / 130118
总编办 / 0431-81629751 发行部 / 0431-81629755 北京开发部 / 010-63108163
官方微博 / weibo.com / tlapress 天猫旗舰店 / sdwycbsgf.tmall.com
印刷 / 天津联城印刷有限公司
开本 / 889毫米×1194毫米 1/32 字数 / 145千字 印张 / 12.5
版次 / 2020年9月第1版 印次 / 2020年9月第1次印刷 定价 / 139.00元

图书如有印装错误 请寄回印厂调换

编者序
教育的常识

常识是姿态最低的学问。

教育学是最该普及的常识。

当教育和常识走到一起，就是沃土和种子走到一起。

十多年前，我的《好妈妈胜过好老师》出版，它令人惊奇的销量缘于令人耳目一新的内容，诸多观点颠覆了很多人旧有的认知，被誉为一部创新性的作品。

事实是，作为一部个人原创教育著作，本质上它是对经典教育学和心理学的再陈述。关于育人，古今中外的哲人先贤已有超越时空的见解，我只是一个继承者和传导者，借由自己的作品让经典落地，朴素地回归大众，让家庭教育学作为常识进入千家万户。

多年来，从社会到家庭，反教育的观念和行为比比皆是，它们制造的问题和观念亦渐渐以"常识"的姿态存在着，贻害无穷。

真正的常识与宇宙规律同频，是人类对宇宙规律的认识，也是人类永恒的向往和需求，必然对人类有正面服务功能。

在常识被扭曲或遗忘的年代，我们有必要呼唤常识，重写教育的常识。

这是一本做成日历的小书，我们愿意用这样日日相近的方式，把属于一小部分人的智力转化为大众心态，把专业知识变为公众的常识。

教育的真正准备是完善自己，想把孩子教育好，首先家长自己要成长，而我们愿意做你成长的陪伴者和共同学习者。

有一位智者说过这样一段动人的话：放弃对结果的执着，心像天空一样开阔，而行为却细密认真，只管低头浇灌，让成就的花朵自然开放。

爱与自由就在我们的日常生活中，一年365天，让我们天天在一起，共同学习一些教育的常识！

2020 年 8 月 10 日

Contents

目录

PART 01
1月1—31日

爱出者爱返 / 1 - 32

- 童年不缺爱,人生才能饱满。
- 懂得爱自己,长大后才不被别人控制。
- "宁死做官的老子,不死讨饭的娘。"
- 只要是正常的爱,给多少都不会让孩子变坏。
- 不要让孩子变成被知识的重量压垮的人。
- 凡事多问愿不愿意,少想应不应该。

PART 02
2月1—28日

自由的孩子最自觉 / 33 - 61

- 自由不是你想做什么就做什么,
  自由是你不想做什么,就可以不做什么。
- 自由不是不关心、不管孩子,
  而是把各种选择权交还给孩子。
- 人唯有自由才有成长,关系里唯有自由才是成全。
- 没必要对孩子进行"精细管理"。

PART 03　爱是自由之子，永远不是统治的产物 / 62-93

3月1—31日

- 如果你想培养一个能算出地球重量的人，最好不要把他的思维早早地固定到秤杆上。
- 我们要小孩子怎样对待我们，我们就应当怎样对待小孩子。
- 想发财不是错，但不能直接去找别人要钱。
- 一切都给孩子，这是父母给孩子的最可怕的礼物。
- 爱是自由之子，永远不是统治的产物。

PART 04　"放手"的原则 / 94-124

4月1—30日

- 反思自己的爱，是否很多时候让孩子惶恐不安。
- 世界上，没有一种关于儿童心理和智力的测试是科学的。
- 家长最难做到的，不是帮孩子做事，而是不帮他做事。
- 让孩子自己去选择，只要他的选择在两条底线之上：第一是没有生命和健康危险；第二是不损害他人的利益。

PART 05

爱TA就如TA所是，而非如我所愿 / 125-156

5月1—31日

- 家长的责任是让孩子高兴，没机会哭。
- 哪里有严厉教育和无休止的唠叨，哪里就有"熊孩子"。
- "孩子很聪明，就是不好好学习"应成为家长忌语。
- 好的教养是让别人舒服。
- 孩子其实十分好面子。
- 允许孩子犯错，给足孩子面子。

....

PART 06

不幸的人用一生治愈童年，幸福的人用童年疗愈一生 / 157-187

6月1—30日

- 孩子不是为"长大""成功""成才"活着，孩子首先是为"童年"而活着。
- 我们要让自己的孩子有过做天使的经历，不要让他生来只能做没翅膀的凡人。践行这一点是最难的，但它的终极收益是一份儿童节礼物的千万倍。

....

3

PART 07 不限制、不打扰，就是对孩子想象力、注意力的最好培养 / 188-219

7月1—31日

- 经常有人问我如何培养孩子的想象力，我的答案是：想象力不用培养，不限制就是培养。
- 注意力不需要培养，越培养越涣散，"不打扰"就是最好的培养。
- 培养孩子的进取心和要求孩子有进取心，这是完全不同的两回事。
- 不要把"养成好习惯"这句话挂在口头上。
- 对孩子"苦口婆心"，是一种错误的交流方式，和孩子说话，要带着蜜。

PART 08 家不是讲规矩的地方 / 220-251

8月1—31日

- 真正的教育，从来不是给孩子定规矩。
- 立规矩造成的后果就是对孩子限制太多，使孩子的大部分能量用于和家长对抗，同理心、自控力等无法充分发展。
- 平时不被规矩捆绑的孩子，自然大方，遇到该遵守规则的事反而特别配合，特别有分寸。
- 你是不是孩子眼里那个"不听话"的家长。

PART 09

9月1—30日

教孩子宽容的智慧 / 252-282

- 允许孩子犯错误,给孩子自由,
  本质上就是在教会孩子宽容。
- 经常给孩子贴标签,会给孩子一种负面强化。
- 你不说,孩子就不会自己改正缺点吗?
- 不许孩子"犯错误",
  本质上就是在剥夺孩子的自由。
- 受气相是从家中带出来的。

PART 10

10月1—31日

好品格本身就是竞争力 / 283-314

- 面对一个弱小又有无限潜力的孩子,与其着力
  培养其"竞争意识",不如专心培养他的良好品格。
- 每一种好品格都可以催化出他面对世界、
  面对困难的能力和勇气,好品格本身就是竞争力。
- 始于童年的竞争很少有赢家。
- 如果想培养孩子的好习惯,
  先打量一下自己有没有坏习惯。
- 不要对孩子"恩威并施",要永远言行一致。
- 从小的阅读差别,才是重要的"输赢"差别。

PART 11

11月1—30日

给学生一些事情去做，而不是给他们一些东西去学 / 315-345

- 辅导孩子学习，不要仅仅把功夫用在做作业、检查作业的正确性上，这样学下去，只能让孩子越来越厌学或越来越笨。

- 如果能把学习融汇在日常生活中，是非常有效的方法，事半功倍。

- 当孩子对一件事情感兴趣时，想要他学不好都难，所以激发学习最高明的手段是激发兴趣。

PART 12

12月1—31日

养儿育女的力量应该用在哪儿 / 346-377

- 父母的财富、学历、地位，为孩子选择的学校等，像一只碗，有的昂贵，有的便宜。

- 父母的修养、学识，和孩子相处的方式及细节等，像碗中的饭，有的营养好，有的营养差。

- 孩子健康与否，是取决于碗还是饭，大家都清楚。

- 同理，养儿育女的力量应该用在哪儿，也是不言而喻的。

教育的常识

PART 1
爱出者爱返

童年不缺爱，人生才能饱满。
懂得爱自己，长大后才不被别人控制。
"宁死做官的老子，不死讨饭的娘。"
只要是正常的爱，给多少都不会让孩子变坏。
不要让孩子变成被知识的重量压垮的人。
凡事多问愿不愿意，少想应不应该。

....

2021 年

1 月 1 日

星期五

农历
十一月十八

＊元旦

古希腊神殿前刻着一句振聋发聩的话：

"人啊，认识你自己！"

家庭是人生的第一个课堂，
父母是孩子的第一任老师。

日进一寸
每日不同

扫码免费领
育儿小锦囊

教育的常识

童年不缺爱，
人生才能饱满

没有父母双亲陪伴的童年是不幸的，
有父母陪伴却缺少爱的童年，是更大的不幸。
尽量陪伴孩子，并且好好爱他吧！
童年不缺爱，人生才能饱满。

——尹建莉

懂得爱自己，
长大后才不被别人控制

童年时得到真爱的人，命运握在自己手中，
哪怕有很多坎坷，也不会活得窝囊。
所以，我们要好好爱我们的孩子，
让他们有自信，懂得爱自己，长大后才不被别人控制。

——尹建莉

2021 年
1 月
4 日
星期一
农历
十一月廿一

宁死做官的老子，
不死讨饭的娘

母亲在儿童的成长中，其重要性总体来说应该超过父亲。
在我的老家有句俗语，"宁死做官的老子，不死讨饭的娘。"
总结的就是这种差异。
对照现实生活中的许多事例，感觉它是有一定道理的。

——尹建莉

2021年
1月5日
星期二
农历十一月廿二
＊小寒

只要是正常的爱，给多少都不会让孩子变坏

爱和溺爱根本不是一回事。
溺爱往往是包办，本质是成年人爱自己；
爱则是理解和接纳，本质是爱孩子。

——尹建莉

2021 年

1月6日

星期三

农历十一月廿三

"溺爱"是反教育的

只有那些假借爱之名的长期的包办、控制、指责等，才会培养出尿包和混混儿。
"溺爱"不是爱的程度的深入，而是爱的反面，其本质和爱没有关系，是反教育的。

——尹建莉

日进一寸
每日不同

扫码免费领
育儿小锦囊

PART 1　爱出者爱返

让爱流动起来

孩子让你花他的钱你就花,而不是阻拦他的选择。
这样不也是"让孩子自己支配压岁钱"吗?
孩子都深爱着父母,父母愉快就是孩子最大的幸福。

——尹建莉

不要让孩子变成
被知识的重量压垮的人

教师的作用,
便是引导学生做一个有智慧的人,
而不是被知识的重量所压垮的人。

——卡尔·罗杰斯

> **卡尔·罗杰斯**(1902年1月8日—1987年2月4日)
>
> 　　美国心理学家,人本主义心理学的主要代表人物之一。主张"以学生为中心"的教育观,即教师要尊重学生、珍视学生,在感情上和思想上与学生产生共鸣;从学生的内心深处了解学生的反应,要信任学生。代表著作:《论人的成长》《自由学习》等。

2021年
1月8日
星期五
农历十一月廿五

＊卡尔·罗杰斯诞辰日

2021年

1月9日

星期六

农历十一月廿六

家长不生气，不过分指导，孩子才能有机会主动调整

孩子毕竟只是个孩子，什么事情没做好，
只让他感受因此带来的不便，就已经够了。
孩子每有一种失误，感受到失误带来的不便或损失，
才会产生相应的调整需求，就像渴了自然想喝水一样。
这种调整需求是每个正常孩子都会有的。

——尹建莉

孩子应该多和父母相处

如果孩子从小和父母在一起的时间太少,
尤其和母亲相处的时间太少,
彼此感情的联结就会出现永久的稀疏。
这种稀疏又会影响到他此后一系列的面貌和状态。

——尹建莉

2021年
1月10日
星期日
农历十一月廿七

和孩子相处时间的长短并不重要，关键是相处的质量

相处时间的长短并不重要，关键是相处的质量，
只要孩子是开心的，质量就是高的，
反之则是低质量陪伴，还不如不陪。
要么一起阅读，要么一起打闹，
要么一块儿打球、玩游戏……
不管干什么，孩子开心就行——好教育其实真的很简单。

——尹建莉

2021年
1月12日
星期二
农历十一月廿九

爱，就是为了在一起

对父母来说，在一切养儿育女的目的中，
没有比和孩子在一起本身更重要的目的。
一切出于功利的或"教育"的目的，
而牺牲和孩子相处时间的行为都是得不偿失的。

——尹建莉

2021年
1月13日
星期三
农历腊月初一

倘若母爱打了折，孩子的心理发育也会打折

孩子对母爱的需求很高，必须充分。
倘若母爱打了折，孩子的心理发育也会打折。
多陪伴、不训斥、好好给他做饭，就已经很好。

——尹建莉

经常让孩子感受到父母的爱，
而不是经常感受到父母的要求

孩子不需要父母经常告诉他应该怎么做，
只需要父母每天给讲讲故事，不时地带着做点游戏和运动，
什么事做不好也不会挨批评。
经常让孩子感受到父母的爱，
而不是经常感受到父母的要求。

——尹建莉

亲子间最大的爱

子女对父母最大的孝顺是自己过得幸福。
父母对孩子最好的呵护是自己活得长寿。

——尹建莉

对孩子来说，天下没有比父母的笑容更高档的东西了

2021年
1月16日
星期六
农历腊月初四

父母首先做个快乐的人，快乐的人自己一脸阳光，不会训斥小朋友，也不会为某些境况长吁短叹，对孩子来说，天下没有比父母的笑容更高档的东西了。

——尹建莉

PART 1　爱出者爱返

"有条件的爱"最伤害孩子

家长们常说"你要是不听话,我就不喜欢你了"
"妈妈走了,妈妈生气了"等等的话。
这样是不可以的。
永远不要以拿走父母的爱去威胁孩子,
"有条件的爱"最伤害孩子(成人也一样),
它是培养自私者、自卑者和虚伪者的最好方法。
父母之爱必须不附带任何条件。

——尹建莉

给孩子无条件的尊重与爱

2021年
1月18日
星期一
农历腊月初六

不要因为孩子听话才爱他,
不要因为他取得了某个成绩才欣赏他,
更不要因为他不遂我们的心就去打骂他。
父母之爱应该是无条件的,
对孩子的尊重也应该是无条件的。

——尹建莉

2021年
1月19日
星期二
农历腊月初七

年轻父母一定要自己带孩子

如果孩子在婴幼儿期和父母相处的时间太短，
尤其是两岁前，情感窗口打开时，
没有得到积极的反馈，
会出现永久性的心理损害。

——尹建莉

母子间丧失早期的亲密接触机会，以后彼此理解就变得困难

父母在孩子年幼时不多和孩子亲近，
把孩子扔给老人或保姆，
理由是要赚更多的钱，给孩子创造更好的生活条件；
或者是迷信某种冷酷的"育儿经"，美其名曰培养独立性。
这些错误认识，会使母子间丧失早期的亲密接触机会，
以后彼此理解就变得困难。

——尹建莉

2021 年
1 月
21 日
星期四
农历腊月初九

颠倒的亲密顺序，
让父母、孩子双方都感到困惑

待孩子成年后，
父母往往是一方面对当初冷落孩子的做法感到后悔，
有强烈的补偿心理，生硬地要塞给孩子很多东西；
另一方面又有讨债心理，
希望孩子回报自己的付出，听话并且和自己亲近。
而孩子又不可能配合得很好，于是摩擦不断。

——尹建莉

日进一寸
每日不同

扫码免费领
育儿小锦囊

教育的常识

孩子不怕条件苦，就怕缺少爱

我的前同事，幼时无园可上，其母带其上班，置于车间一角，
被固定于凳子上，但求无磕碰即好。
小人儿百无聊赖，唯有抓起身边报纸做阅读状，
待母亲休息时便问上面是什么字，母顺口读读。
一年半载下来竟能大致读出报上文章，人惊为神童。
成年后才华横溢，诸事皆佳。

——尹建莉

2021年
1月
23日
星期六
农历腊月十一

"奖励与惩罚"，
其本质就是有条件的爱

育儿中盛行的"奖励与惩罚"，其本质就是有条件的爱，
听起来不错，也能获得眼前的一点收益，
但孩子将来的格局不会大，因为他学会了算计。

——尹建莉

害怕把孩子爱坏了的人，都不曾好好被爱过

认为孩子需要被搞得苦兮兮，视轻松快乐为罪过，
这不是一种观点，只是一种习得。
童年底色灰暗的人，很容易产生囚徒心理，
自己不快乐，也见不得别人快乐。

——尹建莉

2021年
1月24日
星期日
农历
腊月十二

日进一寸
每日不同

扫码免费领
育儿小锦囊

童年时代的幸福感，是人生万事坚实的落脚点

成才、成功是"幸福"的副产品，
没有童年时代奠定的幸福感，
人生万事都没有坚实的落脚点。

——尹建莉

只有真正的爱，
才能融化孩子自闭这个坚硬的壳

自闭，其实是孩子的一种自我保护机制，
他在自己的周围建立一个异常坚硬的壳，
从而使自己可以在里面躲避伤害。
只有真正的爱，才能融化孩子自闭这个坚硬的壳，
而这个壳，恰恰是那些严厉的管制、刻板的相处、
匮乏的感情造成的。

——尹建莉

2021 年
1 月
27 日
星期三
农历腊月十五

凡事多问愿不愿意，少想应不应该

在很多选择中，往往有"应该不应该"和
"愿意不愿意"的两难。
人生的功课是学会爱，
凡事多问愿不愿意，少想应不应该，这才是爱自己的开始。

——尹建莉

日进一寸
每日不同

扫码免费领
育儿小锦囊

2021年
1月
28日
星期四
农历
腊月十六

在条件允许的情况下，
要及时满足孩子

在孩子小时候，我们要迎合孩子的需求，
他想做什么，尽量马上回应，绝不要人为地"延迟满足"。
在条件允许的情况下及时满足孩子，
这是建立信任关系的重要途径之一。

——尹建莉

日进一寸
每日不同

扫码免费领
育儿小锦囊

理解是爱的别名

理解是爱的别名,
如果不能理解,你也就失去了爱的能力。
不能理解你的儿子,你就无法爱他。
给予理解意味着给予爱。
缺失理解的爱,爱之愈深,对自己和他人的伤害愈甚。

——一行禅师

对孩子偶尔所犯的小过失
不要大惊小怪

对孩子偶尔所犯的小过失不要大惊小怪，
内心一定要坚定一个想法：
它只是个"小事"，不是个"错事"，
孩子的成长需要经历这些"小事"，
它们甚至比做功课还重要。

——尹建莉

2021年
1月31日
星期日
农历腊月十九

任何你希望孩子具有的品质，都必须先给予他

天下的孩子都很乖，没有一个孩子需要用打骂来教育。
向孩子呈现善意，他才能学会善意；
向孩子呈现宽容，他才能学会宽容；
给孩子真诚的爱，他才能学会爱。
任何你希望孩子具有的品质，都必须先给予他，
然后才能为他所有。

——尹建莉

PART 2
自由的孩子最自觉

自由不是你想做什么就做什么，
自由是你不想做什么，就可以不做什么。
自由不是不关心、不管孩子，
而是把各种选择权交还给孩子。
人唯有自由才有成长，关系里唯有自由才是成全。
没必要对孩子进行"精细管理"。
....

2021年

2月1日

星期一

农历腊月二十

给孩子自由，
会导致孩子无法无天吗

很多人担心"给孩子自由"会导致孩子无法无天，
这其实是对"自由"的误解。
哲学家康德对此给出答案：
自由不是你想做什么就做什么，
自由是你不想做什么，就可以不做什么。

——尹建莉

日进一寸
每日不同

扫码免费领
育儿小锦囊

教育的常识

要敬畏自然，爱护自然

我们不要陶醉于我们对自然界的胜利，
对于每一次这样的胜利，自然界都报复了我们。

——恩格斯

2021年
2月2日
星期二
农历腊月廿一

*世界湿地日

2021年

2月3日

星期三

农历腊月廿二

＊立春

自由不是不关心、不管孩子，而是把各种选择权交还给孩子

自由不是不关心、不管孩子，
而是放下评判，放下担心，
把各种选择权交还给孩子。
能否克服自己内在的恐惧，
能否全然地信任和欣赏孩子，
这是教育与反教育的最大区别。

——尹建莉

2021 年

2 月 4 日

星期四

农历
腊月廿三

＊小年

给孩子真正的自由

凡事让孩子自己选择，
且愿意接纳他的一切过失，
就是在培养一个内外独立、有能力的人。

——尹建莉

日进一寸
每日不同

扫码免费领
育儿小锦囊

PART 2　自由的孩子最自觉

2021年

2月5日

星期五

农历腊月廿四

"爱"必定包含着自由

"溺爱"是披着爱的外衣的"过度管制"。
过度管制的出发点可能是爱,
但结果走到了爱的反面,是"反爱"的行为。

——尹建莉

日进一寸
每日不同

扫码免费领
育儿小锦囊

教育的常识

教育，
首先从释放儿童天性开始

如果不是首先释放儿童天性，给孩子自由，
而是不顾及其幼小，训练加训斥，
那么培养"规矩"就是邯郸学步。

——尹建莉

2021年
2月6日
星期六
农历
腊月廿五

PART 2　自由的孩子最自觉

2021年
2月7日
星期日
农历腊月廿六
*阿德勒诞辰日

永远不要相信，
羞辱或奚落能改善孩子的行为

家长或教育者最严重的错误，
就是对儿童恶语相向，咒骂他们没有前途，
这种愚蠢的断言只会让孩子更加懦弱。

——阿德勒

> **阿德勒**（1870年2月7日—1937年5月28日）
>
> 奥地利精神病学家，人本主义心理学先驱，个体心理学派创始人，现代自我心理学之父。1976年，以他的心理学理念为基础而成立的 S.T.E.P. 父母效能培训课程风靡西方。代表著作:《自卑与超越》《儿童教育心理学》等。

日进一寸
每日不同

扫码免费领育儿小锦囊

教育的常识

人唯有自由才有成长，
关系里唯有自由才是成全

2021年
2月8日
星期一
农历腊月廿七

教育上的自由，
就是尊重孩子作为一个独立的生命个体所做的一切选择，
接纳他选择中存在的过失和风险，
只给他需要的帮助而不打扰他，
在任何事上都不强加自己的意志。

——尹建莉

PART 2　自由的孩子最自觉

女儿不需要严厉教育

不要对女儿严厉,
如果你希望她将来被人当公主一样尊重,
被她的丈夫深爱,就不要把她当下人对待,
不要培养她的自卑感和受虐心理。

——尹建莉

儿子不需要严厉教育

不要对儿子严厉，
如果你希望他将来有男子汉气概，爱事业，爱家庭，
就不要把他当混混儿对待，
不要培养他的仇恨心理和粗暴行为。

——尹建莉

2021年
2月11日
星期四
农历腊月三十
＊除夕

"减少干预",给孩子"自由的气氛",才能培养出身心健康和谐的孩子

如果说真有一种药能治孩子的毛病,
那么"减少干预"和"自由的气氛"
应该是最好的两片药。

——尹建莉

孩子不需要成年人操心太多

如果你总是对孩子的未来忧心忡忡，
害怕给三分颜色他就开染坊，
害怕管得少了他就会不如人，
那不是孩子的问题，是你自己的遗传病，
最好从你这里阻断。
孩子不需要成年人操心太多，不添乱就是最大的帮忙。

——尹建莉

孩子最依恋的，永远是父母

无论爷爷奶奶多疼爱孩子，孩子最依恋的，永远是父母。
如果一位奶奶骄傲地宣称：
"我家这孙子，只是从他妈肚子里过了一下，现在跟我比跟他妈还亲！"
这正暗示着某种隐患。

——尹建莉

好感情本身就是
好教育的一部分

好感情本身就是好教育的一部分,
夫妻和睦是家庭最美的底色。
失去这个底色,
即便父母的教育理念再一致,孩子的内心也是灰暗的。

——*尹建莉*

2021 年
2 月
14 日
星期日
农历 正月初三
*情人节

父母是孩子最好的老师

每一个孩子都是一个独有的世界,
他的成长,取决于家长和教师给他营造的"教育小环境"。
这个小环境的生态好坏,才是影响孩子成长的决定性因素。

——尹建莉

不控制孩子

不控制孩子，
在各种事情上（物质、情感、自由意志）满足孩子，
是为了避免孩子产生匮乏感。

——尹建莉

对子女最好的爱不是苦情和牺牲

对子女最好的爱不是苦情和牺牲,而是自我成长。
具体说来有两条:
一是让孩子自由地活着;二是让自己快乐地活着。

——尹建莉

2021年

2月18日

星期四

农历正月初七

*雨水

在不妨碍别人自由的情形之下，做你自己想做的事

自由的意义是：
在不妨碍别人自由的情形之下，做你自己想做的事，
因此你能完全自律。
当孩子没有惧怕和拘束时，他们并无侵略性。

——尹建莉

日进一寸
每日不同

扫码免费领
育儿小锦囊

PART 2　自由的孩子最自觉

2021年
2月19日
星期五
农历正月初八

任何事都需要留白，并不是填得越满越好

孩子成长需要空间，需要闲暇、娱乐、无所事事，人生就像倒水，不能倒得太满，要适可而止。孩子是特殊的人，需要更大的成长空白。

——尹建莉

天性尽情释放过的孩子最得体

2021年
2月20日
星期六
农历正月初九

天性尽情释放过的孩子最得体,
压抑出的"礼貌"不过是拙劣的表演。
"规矩教育"教出来的木偶,
怎么知道变通,怎么可能举一反三呢?!

——尹建莉

日常生活中，
不要处处限制和压抑孩子

日常生活中，不要处处限制和压抑孩子，
至少为孩子提供正常的精神成长条件。
对于精神发育正常的孩子来说，
所有的经历，无论成败、无论好坏，
都会沉淀为正面经验。

——尹建莉

爱是给孩子自由，
培养其独立性

2021 年
2 月
22 日
星期一
农历
正月十一

爱是给孩子自由，培养其独立性，
基础和前提是信任孩子。
父母要想培养独立自主、快乐幸福的孩子，
就要懂得把自由和宽容还给孩子。

——尹建莉

自由不是信马由缰

自由不是信马由缰,
自由是一种可以舒展的空间,
是一种能够托举的力量。
它让孩子有能力去选择,
并且有能力抵抗生活中的一切虚假和脆弱。

——尹建莉

不管遇到什么事，
放手让孩子去做、去决定

2021年
2月24日
星期三
农历正月十三

不管遇到什么事，放手让孩子自己去做、去决定，
相信他有能力进行选择和决策。
哪怕有些事情孩子做得很不精彩，哪怕孩子真的错了，
你也要允许他犯错，平和地接纳他的不精彩。

——尹建莉

日进一寸
每日不同

扫码免费领
育儿小锦囊

没必要对孩子进行"精细管理"

可以适当去帮助孩子，提示孩子，
却没必要对孩子进行"精细管理"。
在每一件具体事务面前，不要控制，要引导；
不要太有痕迹，尽量无痕；
不要怀疑，要相信；
不要插手，要接纳。

——尹建莉

给孩子自由，
孩子就会自行运转

家长不越界，不急躁，
适当引导，信任孩子，给孩子自由，
孩子就会自行运转——这是人的天性。

——尹建莉

2021年
2月26日
星期五
农历正月十五
＊元宵节

2021年
2月27日
星期六
农历正月十六

*鲁道夫·斯坦纳诞辰日

尽可能让自己成为孩子成长中最好的环境

怀着崇敬接纳孩子,
带着爱教育他们,
护送他们迈向自由之旅。

——鲁道夫·斯坦纳

> **鲁道夫·斯坦纳**(1861年2月27日—1925年3月30日)
>
> 　　奥地利社会哲学家、教育家,人类智慧学的创始人,华德福教育创始人。华德福教育,简单地说是一种以人为本,注重身体和心灵整体健康和谐发展的全人教育。代表著作:《童年的王国》《自由的哲学》等。

日进一寸
每日不同

扫码免费领
育儿小锦囊

教育的常识

自由的同义词不是放纵，而是一种选择力和判断力

孩子有能力去选择自己需要的、健康的东西，
并且有能力抵抗生活中的一切虚假和脆弱。
那些真正幸福快乐的孩子，
是那些真正获得了自由的孩子，
他们似乎天然地知道行为的界限在什么地方。

——尹建莉

2021年
2月28日
星期日
农历正月十七

日进一寸
每日不同

扫码免费领
育儿小锦囊

PART 2　自由的孩子最自觉

教育的常识

PART 3
爱是自由之子，永远不是统治的产物

如果你想培养一个能算出地球重量的人，
最好不要把他的思维早早地固定到秤杆上。
我们要小孩子怎样对待我们，
我们就应当怎样对待小孩子。
想发财不是错，但不能直接去找别人要钱。
一切都给孩子，这是父母给孩子的最可怕的礼物。
爱是自由之子，永远不是统治的产物。

教育，
最要提防的是求完美心理

2021年
3月1日
星期一
农历正月十八

求完美的潜台词是：
你必须完美，我不接纳你的任何不足和过错。
所以伴随求完美的，
必定是事无巨细的要求和完美的目标，
以及为实现这些要求和目标而派生出来的烦琐苛刻的家庭法则。

——尹建莉

2021年

3月2日

星期二

农历正月十九

家长不要期待自己成为完美父母

家长不要期待自己成为完美父母，
否则会太焦虑，也会过多地打扰孩子。

——尹建莉

减少干涉，
才能给孩子留下开阔的思考空间

2021年 3月3日 星期三 农历正月二十

家长不要以自己的有限，
来理解和指导一个有无限可能的孩子。
如果你想培养一个能算出地球重量的人，
最好不要把他的思维早早地固定到秤杆上。

——尹建莉

不能直接向孩子提要求

想发财不是错，但不能直接去找别人要钱；
希望孩子出色也不是错，但不能直接向孩子提要求。

——尹建莉

2021年

3月5日

星期五

农历正月廿二

* 惊蛰
* 陈鹤琴诞辰日

我们要小孩子怎样对待我们，我们就应当怎样对待小孩子

小孩子替我们做事，
好像是应当的，我们从来不谢谢他。
父母送东西给小孩子，却一定要小孩子说"谢谢！"
你要小孩子说谢谢，你最好对小孩子也有礼貌。

——陈鹤琴

> **陈鹤琴**（1892年3月5日—1982年12月30日）
>
> 中国著名儿童教育家、儿童心理学家，中国现代幼儿教育的奠基人。他提出了"活教育"理论，指出教育要根据儿童独特的心理特征来进行，家庭教育应渗透于日常生活之中。代表著作：《家庭教育》《儿童心理之研究》等。

PART 3　爱是自由之子，永远不是统治的产物

日进一寸
每日不同

扫码免费领
育儿小锦囊

给孩子一个不匮乏的童年

匮乏感是自卑的源头,
而自卑是一切心理问题的背景,是万恶之源。
给孩子一个不匮乏的童年,
相当于给他的人生铺就了一条高速路,
可以让孩子走得更顺、更远,避免很多崎岖坎坷。

——尹建莉

不要把孩子变成奴性十足的人

愚昧的、压榨式的教育,
培养的恰是无脑且奴性十足的人。
这样的培养显然不合人性,
是对人性的扭曲和压抑。

——尹建莉

只有妈妈活得幸福快乐，孩子才能真正幸福快乐

爱孩子的妈妈也可以穿得漂亮，吃得优雅，玩得愉快。
全身心关爱孩子，并不意味着丢失自己。
不要做苦行僧式的妈妈，要做享受人生的妈妈。
只有妈妈活得幸福快乐，孩子才能真正幸福快乐。
妇女节，妈妈们让自己快乐起来吧！

——尹建莉

警惕功利主义教育

功利教育思想，
几乎决定了家长或教师必然热爱简单粗暴的教育方式。
功利教育眼里只有"物"没有"人"；
只在乎社会衡量标准，不在乎孩子内在的感受；
只关注孩子学到了什么技巧，
不关注他是否体会到了美和愉悦。

——尹建莉

让孩子学会无功利地爱他人

教师偏爱考试成绩好的学生,
他其实爱的不是学生,而是学生的成绩;
家长因为孩子听话就高兴,
他爱的也不是孩子,而是孩子的服从。
孩子如果感觉到教师和家长爱的不是他本身,
只是他的好成绩和服从,
那么,他就无法学会无功利地爱他人。

——尹建莉

凡事平和以对

不和孩子发脾气，凡事平和以对，抱以理解和仁慈，
孩子就得到了正常成长的平台。
哪怕仅仅做到这一条，
你就胜过了百分之九十的家长。

——尹建莉

和孩子在一起时，要度过一些彼此不打扰的时间

只要孩子不来找你，你就不主动找他；
如果孩子来找你玩，要尽量陪他，
不能陪就跟孩子说明白，得体地拒绝。

——尹建莉

一切都给孩子，
这是父母给孩子的最可怕的礼物

一切都给孩子，
意味着对孩子作为一个独立生命的否定
和他自我成长动力、能力的不信任。

——马卡连柯

2021年
3月13日
星期六
农历二月初一

*马卡连柯诞辰日

> **马卡连柯**（1888年3月13日—1939年4月1日）
>
> 苏联杰出教育家、作家。他认为家庭生活制度一开始就得到合理发展，就不再需要处罚了。在良好的家庭里，不会有处罚的情形，这就是最正确的家庭教育的道路。代表著作：《教育诗》《儿童教育讲座》等。

PART 3　爱是自由之子，永远不是统治的产物

2021年
3月14日
星期日
农历二月初二
＊孟子诞辰日

爱人者，人恒爱之；
敬人者，人恒敬之。

——孟子

> **孟子**（约公元前372年—公元前289年）
>
> 　　战国时期哲学家、思想家、政治家、教育家，儒家学派的代表人物之一。孟子注重道德理想的培养和道德意志的锻炼，继承和发展了孔子有教无类、因材施教的教育理念。其言行记录于《孟子》中。

日进一寸　每日不同

扫码免费领育儿小锦囊

教育的常识

不要在孩子面前太强势

2021年 3月 15日 星期一
农历 二月初三

如果父母在孩子面前太强势，
孩子凡事要按家长画好的道道来，
那么父母越认真，
对孩子的自由意志剥夺就越彻底，
给孩子带来的精神损伤就越严重。

——尹建莉

孩子1到3岁开口都正常

孩子语迟，经常被焦急的父母带去看医生，
十有八九就成了"自闭症"。
其实原因很简单：
一是个体差异，说话有的早有的晚，1到3岁开口都正常；
二是早期语言交流机会太少，比如看电视、保姆带孩子，
没人跟孩子说话。

——尹建莉

关于幼儿说话

初学说话的孩子一般都口齿不清楚，尤其发不了舌尖音，比如把"河流"说成"河牛"，这非常正常。
家长不要在意，孩子长大慢慢就好了。

——尹建莉

2021年
3月18日
星期四
农历二月初六

不要指望孩子总是"正常"的

孩子偶尔说些莫名其妙的话,
做些不可理喻的事,提些不合理的要求,
只要无害,不妨配合一下。

——尹建莉

爱好就是天分

可以说，一个人对某件事痴迷有多深，天分就有多高。
每个人都是带着一些自然给予的特殊密码出生的，
这种"上天的恩赐"犹如种子，
能不能生根、发芽、开花、结果，
还要看外部是否提供了适宜的条件。
良好的家庭教育，就给这颗种子提供了最适宜的条件。

——尹建莉

2021年
3月19日
星期五
农历二月初七

日进一寸
每日不同

扫码免费领
育儿小锦囊

2021年
3月20日
星期六
农历 二月初八
＊春分

爱和信任
就是儿童成长的阳光雨露

世上没有差的生命，只有差的遭遇。
生命只需要正常对待，就可以正常生长。
生命成长所需不多，无非阳光雨露。

——尹建莉

日进一寸
每日不同

扫码免费领
育儿小锦囊

教育的常识

让孩子自由地歌唱，孩子就能得到快乐

音乐有一种形成性格的力量，应列入孩子的教育之中。让孩子自由地歌唱，孩子就能得到快乐。

——亚里士多德

儿童天性都是温柔善良的

儿童天性都是温柔善良的,
如果说一个孩子表现出冷酷和残忍,
一定是他在生活中体会了太多的冷酷无情。
可以说,几乎所有的极端残忍者,
都有一个精神或肉体严重受虐的童年。

——尹建莉

2021年
3月23日
星期二
农历二月十一

*弗洛姆诞辰日

爱是自由之子，永远不是统治的产物

我希望被爱的人应以自己的方式，
为自己的目的成长、发展，
而不是迎合我们。

——弗洛姆

> **弗洛姆**（1900年3月23日—1980年3月18日）
>
> 美籍德国犹太人，人本主义哲学家和精神分析心理学家。弗洛姆认为，利己主义与孤独是同义词，而人不可能在与外界毫无关系的情况下实现自己的目的。人只有和他的同胞休戚相关、团结一致，才能求得满足与幸福。代表著作：《爱的艺术》等。

日进一寸
每日不同

扫码免费领
育儿小锦囊

治理孩子"不听话"的良策：
管住自己的嘴

治理孩子"不听话"的良策，
不是用更大的嗓门、更严厉的态度对孩子说话，
而是管住自己的嘴。
所谓"教育"，不是处处对孩子耳提面命，
常常发指令和提意见，
而是要给孩子留下让他自己做些事情的时间和机会。
如果一定要"教育"孩子，做榜样比说什么都有效。

——尹建莉

闭嘴是比下指令更难做到的教育

经常喜欢提醒孩子,
把"慢点、小心、再吃点、别动那个"挂在嘴上,
已经在做反教育的事了。

——尹建莉

2021年
3月26日
星期五
农历二月十四

经常性的提醒，表达的就是不信任

一个活在不被信任感觉中的孩子，
既不能发展自己的能力，也不能发展自信，
只会变得自卑、固执、没有分寸。

——尹建莉

不言之教，无为之益，天下希及之。

——老子

2021年
3月27日
星期六
农历二月十五

＊老子诞辰日

老子（约公元前571年—约公元前471年）

中国古代思想家、哲学家、文学家和教育家，道家学派创始人。在教育上主张"教以为道""回归自然"，复归人的自然本性，顺应人的个性的自然发展。代表著作：《道德经》（又名《老子》）。

日进一寸
每日不同

扫码免费领
育儿小锦囊

有一种亲子关系叫"君臣关系"

她眼里没有孩子，看不见孩子，
她的世界里只有她自己的想法。
她和孩子的关系不是爱与平等的关系，而是"君臣关系"。
她也许会以仆人的形象出现，
而孩子却不是主人，只是被她操控的傀儡。

——尹建莉

真正的美好无须费力

如果有了孩子后，
你发现自己的脾气不好了，身心两方面都很劳累，
这是因为你太想在方方面面控制孩子而又不得法。
想要不累，无非两条：
减少控制和想办法改善。
能否得法，不仅影响当下的生活质量，
更决定孩子未来的面貌。

——尹建莉

2021年
3月29日
星期一
农历二月十七

＊中小学安全教育日

日进一寸
每日不同

扫码免费领
育儿小锦囊

PART 3　爱是自由之子，永远不是统治的产物

婴儿更渴望母亲的爱和理解

婴儿不仅期望从母亲那里得到食物，而且渴望着爱和理解。

——梅兰妮·克莱因

> **梅兰妮·克莱因**（1882年3月30日—1960年9月22日）
>
> 奥地利精神分析学家，儿童精神分析研究的先驱。她使精神分析得以运用到儿童领域，借此不仅使儿童心理治疗成为可能，并且为人们理解儿童的心智发展，开拓了新视野。代表著作：《儿童精神分析》《嫉羡与感恩》等。

"放纵"是一种形式消极、意义却积极的教育

"教育"并不是单纯的规范和监督,
其实,"放纵"也是一种教育,
是一种形式消极、意义却积极的教育。
在这种"放纵"下,孩子可能损坏一些东西,
可能制造更多家务,甚至可能受点小伤,
而这正是走在受教育的轨道上。

——尹建莉

教育的常识

PART 4
"放手"的原则

反思自己的爱,是否很多时候让孩子惶恐不安。

世界上,没有一种关于儿童心理和智力的测试是科学的。

家长最难做到的,不是帮孩子做事,而是不帮他做事。

让孩子自己去选择,只要他的选择在两条底线之上:

第一是没有生命和健康危险;

第二是不损害他人的利益。

2021年
4月1日
星期四
农历二月二十

*马斯洛诞辰日

反思自己的爱，
是否很多时候让孩子惶恐不安

当孩子感到不安全的时候，
当他在安全需要、爱的需要、自尊需要方面，
受到阻碍的时候，
他就会更多地表现出自私、仇恨、攻击性和破坏性来。

——马斯洛

马斯洛（1908年4月1日—1970年6月8日）

  美国心理学家，人本主义心理学的宗师，第三代心理学的开创者。他的主要成就包括提出了人本主义心理学和马斯洛需求层次理论。《纽约时报》评论说："马斯洛心理学是人类了解自己过程中的一个里程碑。"代表著作：《动机与人格》《存在心理学探索》等。

日进一寸
每日不同

扫码免费领
育儿小锦囊

PART 4 "放手"的原则   95

送给孩子的三件宝："阅读""自由""良好表率"

什么是我们能送给孩子,
可保障他们一生幸福、健康的最可靠的宝物呢?
第一件宝物是"阅读"。
第二件宝物是"自由"。
第三件宝物是"良好表率"。

——尹建莉

没有一种关于儿童
心理和智力的测试是科学的

儿童是最原生态、潜能最高的人，
世界上，没有一种关于儿童心理和智力的测试是科学的。

——尹建莉

2021年
4月3日
星期六
农历
二月廿二

家长最难做到的，不是帮孩子做事，而是不帮他做事

凡在孩子的事情上大包大揽，
甚至在思想上也不让孩子独立的父母，
他们表面上付出了很多辛苦，
其实他们首先满足的是自己；
没有认真考虑孩子方方面面能力的成长，
没有为他一生的发展而考虑。

——尹建莉

"放手"的原则

让孩子自己去选择,
只要他的选择在两条底线之上:
第一是没有生命和健康危险;
第二是不损害他人的利益。

——尹建莉

2021 年
4 月
5 日
星期一
农历
二月廿四

日进一寸
每日不同

扫码免费领
育儿小锦囊

过度呵护，
就会给孩子的安全留下隐患

放手让孩子自己去做事，
与其说是锻炼孩子，不如说是在考验家长。
放手不是冒险，
而是让孩子通过种种实践机会，锻炼胆量和能力。

——尹建莉

2021年
4月7日
星期三
农历二月廿六

孩子胆小怎么办

孩子都有自我保护机制,
遇人遇事稍有些胆怯是正常的,需要慢慢熟悉,
家长不焦虑,不觉得是问题,问题自然慢慢会解决。
如果孩子胆怯过度,只能说明他在家庭生活中
被管制过度或被家长的粗暴吓着了。

——尹建莉

让孩子服从成人的意志，这是成人犯的最大、最可耻的错误

蒙台梭利认为：
"让孩子服从成人的意志，这是成人犯的最大、最可耻的错误。"
这会产生一种后果——儿童胆怯。
暴躁的另一面也是胆怯。
所以，如果你的孩子有过分胆小或暴躁的现象，
应该反思一下：我平时是不是对孩子管得太多、太细、太严了。

——尹建莉

必须给孩子"三权"：
选择权、尝试权、犯错误权

2021年
4月9日
星期五
农历二月廿八

给孩子自由，不是对孩子放任不管，
而是意味着你必须给孩子"三权"：
选择权、尝试权、犯错误权。
怕孩子犯错误，凡事都要指点一番，
要孩子按自己的想法来做，
孩子一旦尝试失败了就大加指责和批评，
这样的家长，就是强权家长，
他们对孩子的"关心和付出"越多，
对其自由意志的剥夺就越多。

——尹建莉

不要强迫孩子出让自己的利益

幼儿尚未建立合作的概念，
自己的玩具不让别的小朋友玩，或抢别人的玩具，
这都是正常表现。
强迫孩子出让自己的利益，
这种做法并不能培养孩子的大度精神，
反而强化了他的紧张感。

——尹建莉

儿童无须过分严格要求

儿时被严格控制饮食,会导致厌食或暴饮暴食;
严格按作息时间睡觉,会导致习惯性失眠;
在学业上被严格要求,会导致学习成绩越来越差。

——尹建莉

不要打着爱孩子的名义严苛地对待孩子

童年时代遭遇暴力对待或总不被认可的孩子，
其自由意志会被严重压抑，
每一种压抑都会转化为负能量，需要用一生去"排毒"。
所以，不要再打着爱孩子的名义严苛地对待孩子了。

——尹建莉

把信任还给孩子

2021年
4月13日
星期二
农历三月初二

家长从监督者和控制者的角色中退出，
把信任还给孩子，让孩子获得自我管理的权利。
这种权利的下放，
必然会唤起孩子内心的自尊感和责任感。

——尹建莉

日进一寸
每日不同

扫码免费领
育儿小锦囊

2021年
4月14日
星期三
农历三月初三

凡事信任孩子,而不是担心他

只要做到这一条,孩子的成长就不会出现大的偏差:
凡事信任他,而不是担心他。
你的信任都是对孩子的祝福,
你的担心都是对孩子的诅咒。

——尹建莉

告诉孩子，
你不必是家长的"臣民"

2021年
4月
15日
星期四
农历
三月初四

一个没有机会进行自我掌控的孩子，
不可能学会自我控制。
一个不被信任、总是被当成小偷一样提防的孩子，
很难发展出诚信、自尊的品质。
告诉孩子，
你不必是家长的"臣民"，你是自己的主人。

——尹建莉

孩子天生不会说谎

只要没有诱因,孩子就没必要拿说谎来为难自己,孩子天生不会说谎。

孩子说谎不外乎两个原因:

一个是模仿大人;一个是迫于压力。

每个孩子最初的谎言都是从这里来的。

——尹建莉

一切"方法"，都要用同理心和爱来表达

2021 年
4 月 17 日
星期六
农历三月初六

一切"方法"，都要用同理心和爱来表达，否则就是硬邦邦的教条，伤人。

——尹建莉

不要以为家长的选择总是对的

不要拿家长比孩子吃盐多来说事,
没有人比孩子更了解他自己。

——尹建莉

不要凡事往"缺爱"上靠

不用紧张，给孩子自由，用心爱，
让他自然而然地成长就好。
担心就是诅咒，信任才是祝福。

——尹建莉

2021 年
4 月
19 日
星期一
农历
三月初八

日进一寸
每日不同

扫码免费领
育儿小锦囊

家长要相信两个力量

一是自我的力量。
父母在教育上越明白,孩子就越少受到伤害。
二是孩子的自我愈合、自我向上的力量。
只要生活环境正常,有爱,有自由,
孩子都会慢慢恢复的,只是时间的早晚。

——尹建莉

2021年

4月
21日

星期三

农历
三月初十

所谓"分离",不是放弃对孩子的关爱,而是调整关爱的方式

有自尊的父母不会刻意去抓孩子的什么把柄,
也会羞于面对孩子的窘迫。
他既要呵护孩子的面子,也不肯降低自己的修养,
这样的心境在父母和孩子间自然营造出合理的距离,
开始得体地分离。

——尹建莉

日进一寸
每日不同

扫码免费领
育儿小锦囊

教育孩子一定要顺其自然

教育上的"顺其自然",
不是消极等待和无所作为,
而是在顺应孩子天性中积极推动。
比如引导两个孩子阅读,
一个很快热爱上阅读并很快认识很多字,
另一个却表现出不喜欢阅读,没认几个字,两种情况都正常,
完全不需要为前一个孩子得意或为后一个孩子着急,
只要轻松愉快且持之以恒地陪伴孩子一起阅读即可。

——尹建莉

妈妈对孩子生活的
参与程度必须递减

2021年
4月23日
星期五
农历三月十二

母子间的感情应该是绵长而饱满的，
但妈妈对孩子生活的参与程度必须递减。

——*尹建莉*

日进一寸
每日不同

扫码免费领
育儿小锦囊

2021年
4月24日
星期六
农历三月十三

母爱，最终是一场得体的退出

母爱不是对孩子恒久的占有，而是一场得体的退出。
母爱的第一个任务是和孩子亲密，呵护孩子成长；
第二个任务是和孩子分离，促进孩子独立。

——尹建莉

永远正确的父母，
总是一群最失败的家长

2021年
4月25日
星期日
农历三月十四

永远正确的家长，
总是不停地给孩子提各种建议和要求，
孩子没有思考的机会，
尝试精神和判断力一点点萎缩，
慢慢变成一个成年的幼儿，
以一根藤的姿态存在，而不能以一棵树的姿态站立。

——尹建莉

日进一寸
每日不同

扫码免费领
育儿小锦囊

父母留给孩子的，不能只是一些消耗性的财富

作为父母，
如果我们留给孩子的只是一些消耗性的财富，是不可靠的；
只有给孩子留下一些生产性的、可持续性的财富，
才是真正对他一生负责。

——尹建莉

自己带孩子，
并非一定要辞职回家

强调妈妈应该自己带孩子，并非一定要辞职回家。
上班族妈妈和全职妈妈教育孩子没什么本质差异，
无非是和孩子相处时间的长短。
要尽可能多和孩子相处，但长度不等于质量。
只要孩子能天天看到父母，天天和父母接触，就可以。

——尹建莉

2021年
4月
27日
星期二
农历
三月十六

2021年
4月
28日
星期三
农历 三月十七

"单亲",你不觉得是个事,它就不是个事

单亲家庭和双亲家庭的教育没什么两样。
"单亲",你不觉得是个事,它就不是个事。
单亲家庭的孩子易出现问题,
根本不是因为父母某个角色的缺失,
而是父母间相处的方式、父母和孩子相处的方式有问题。

——尹建莉

如何才有自控力

和孩子相处，朴素、自然最好。
"延迟满足"既不自然也不朴素，易误导人。
要体恤孩子，平时尽量满足他的各种正常愿望，
到某件事上家长必须说不，或必须要他忍耐时，
孩子才有自控力。

——尹建莉

不尊重孩子的表现：
"延迟满足教育法""哭声免疫法"

"延迟满足教育法"与"哭声免疫法"如出一辙，
都是对孩子的诉求不及时回应，
是家长利用强势地位欺负孩子的一种做法，
是家长不尊重孩子作为独立个体的表现。

——尹建莉

教育的常识

PART 5

爱 TA 就如 TA 所是，而非如我所愿

家长的责任是让孩子高兴，没机会哭。
哪里有严厉教育和无休止的唠叨，哪里就有"熊孩子"。
"孩子很聪明，就是不好好学习"应成为家长忌语。
好的教养是让别人舒服。
孩子其实十分好面子，
应允许孩子犯错，给足孩子面子。
……………

孩子应不应该干家务

不要相信这样的说辞：
爱干家务的孩子有出息，不爱干的没出息……
如果家长因此逼着孩子做家务，
弄得孩子不高兴，那就适得其反。
童年快乐最重要，家务活孩子想干就干，
不想干也不必勉强，依兴趣来吧。

——尹建莉

要经常给孩子好的暗示

人是很容易受到暗示的。
如果一个孩子总被别人暗示为品行端正、善良友爱,
他的品行就会朝着健康的方向发展;
如果一个孩子总被暗示有某种问题,
他就会逐渐丧失自信,向坏的方向滑去。

——尹建莉

2021年
5月2日
星期日
农历
三月廿一

2021年
5月3日
星期一
农历三月廿二

＊海因茨·科胡特诞辰日

父母是什么样的人，比他们做了什么样的事，更重要。

——海因茨·科胡特

海因茨·科胡特（1913年5月3日—1981年10月8日）

美国精神分析学家、教师和学者，自体心理学创始人。他坚持认为心理缺陷而非冲突是许多人患病的原因，是自20世纪70年代以来对美国传统自我心理学的主要挑战者。代表著作：《自体的分析》等。

家长只需要做好自己，
然后给孩子充分的自由

家长只需要做好自己，
其他就是给予孩子充足的条件和充分的自由。
每个人都是因为内在力量的觉醒成就了自我的最大成长。
没有自我摸索的过程，成长便是一句空话。

——尹建莉

2021年
5月4日
星期二
农历
三月廿三

*青年节

家长的责任是
让孩子高兴，没机会哭

在孩子想哭的时候一定不要阻止，让他尽情地哭；
可以通过转移注意力让他高兴起来，
但绝不能要求孩子不哭。
家长的责任是让孩子高兴，没机会哭。
没机会哭的孩子，长大了才有更多的机会去笑。

——尹建莉

不要以为自己吃的盐多

2021年
5月
6日
星期四
农历
三月廿五

面对一个有无限可能的孩子,成年人应该有敬畏感,
不要以为自己吃的盐多,就具有了指点孩子一切的能力。

——尹建莉

培养习惯，
首先要顺应儿童的天性

一切培养习惯的行为都要首先顺应儿童的天性，
让他在愉悦感中去慢慢形成。
真正的好习惯，
是孩子有能力也有兴趣安排自己的一切事务。

——尹建莉

家长学会"听话",
孩子自然听话

2021年
5月8日
星期六
农历三月廿七

想要孩子超过你吗?那就不要向孩子提"听话"的要求。
在道德和安全的底线之上,让孩子去做一切他想做的事,
哪怕这件事你不喜欢——家长能做到这一点,
孩子就没有不听话的。
家长学会"听话",孩子自然听话。
"听话"不是指令出来的,而是培养出来的。
你希望孩子成为什么样的人,做个榜样就好了。

——尹建莉

母亲节，
祝所有的妈妈节日快乐

如果一个孩子和母亲的关系融洽，
他就不会变坏。
因为一方面，母亲是孩子最好的心理依靠，
另一方面，母亲对孩子的态度，
又深刻地影响着父亲对孩子的态度。

——尹建莉

不要有意无意地
给孩子灌输负面信息

一些家长经常有意无意地给孩子灌输一些负面信息：
诸如世道是险恶的，人心是无常的，社会是不公平的，等等。
这不但降低了孩子在人际交往中的坦荡，
也束缚了他接纳世界的心胸，甚至会培养出他的反社会人格。

——尹建莉

不要责怪孩子
"不自觉""不上进"

责怪孩子"不自觉""不上进"
是一些家长和教师的口头禅。
凡有此种口头禅的人必须要意识到,
此判断已包含了对儿童的不体恤,
对人性的不了解,以及强权心理。
要改变这一口头禅,其实要改变的是自己的教育价值观。

——尹建莉

2021年
5月12日
星期三
农历四月初一

哪里有严厉教育和无休止的唠叨，哪里就有"熊孩子"

说到"熊孩子"，很多人认为应该对他们严加管教，
殊不知这会加重其"病情"。
"熊孩子"的行为恰缘于环境中的压力，而非爱与自由。
爱与自由不会让孩子变得无法无天，
"熊"行为是压抑的后果，
是自觉意识的丧失，是选择功能的失效。

——尹建莉

日进一寸
每日不同

扫码免费领
育儿小锦囊

PART 5 爱TA就如TA所是，而非如我所愿

"孩子很聪明,就是不好好学习"应成为家长忌语

这句话的潜台词是:
聪明是因为遗传好,
不好好学习是因为孩子自己不上进,
所以成绩差和家长无关。
里外家长都有理,这样会很打击孩子,给孩子负面暗示。
不如经常真诚地说一句"孩子很省心,不用我管"。

——尹建莉

好的教养是让别人舒服

好的教养是让别人舒服，而不是表现出自己有教养。
父母的责任是让孩子感觉有自尊，
而不是让别人觉得有礼貌。

——尹建莉

2021年
5月15日
星期六
农历四月初四
＊国际家庭日

礼貌和尊严是一个硬币的两面，不可分割

成年人尊重孩子，为孩子做出榜样，
这样才能让孩子在人际交往中有自信，举止得体。
礼貌和尊严是一个硬币的两面，不可分割，
都必须来自内心深处。

——尹建莉

切忌在孩子面前说一套，做一套

2021年
5月16日
星期日
农历四月初五

不要因为自己想表现得有教养，就没教养地对待孩子；
不要出于"道德教育"而不道德地对待孩子；
不要出于教孩子"懂礼貌"而不礼貌地对待孩子。

——尹建莉

2021年

5月17日

星期一

农历
四月初六

不要为了彰显自己的教养，
去做没有教养的事

太多人为了彰显自己的教养去做没教养的事，
这种现象特别容易发生在不平等的关系中。
比如成年人为了教育孩子有礼貌，去做对孩子不礼貌的事：
强迫打招呼，或为了制止孩子打人而打孩子……

——尹建莉

面子不重要，呵护孩子，给孩子做榜样很重要

遇到亲朋好友或家里老人对孩子说话或行为不得体的情况，
父母不要只是心里不舒服，嘴上却不说什么——
面子不重要，呵护孩子，给孩子做榜样很重要。

——尹建莉

做优质父母其实很简单

用心爱,不包办,不惩罚,
理解,欣赏,做榜样——躺赢。

——尹建莉

给孩子断奶切不可采取母子几天不见的办法

1. 如果没有太紧迫的事，
   尽量延长哺乳时间而不是尽量缩短；
2. 吃奶是一种母子亲密接触行为，
   对孩子有很好的心理抚慰作用，能增加安全感；
3. 不用担心孩子吃奶就不吃饭，
   不为吃奶或吃饭和孩子较劲，孩子自己会调整。

——尹建莉

2021年
5月
20日
星期四
农历
四月初九

＊全国母乳喂养宣传日

日进一寸
每日不同

扫码免费领
育儿小锦囊

优秀孩子的家长，一般都很民主

优秀孩子的家长，一般都很民主，
遇到事情总是能心平气和地和孩子探讨解决，
最基本的态度是尊重孩子、欣赏孩子。

——尹建莉

教育孩子，心中无棍棒
比手中无棍棒更重要

父母不仅应该放下手中棍棒，更要放下心中棍棒，
心中无棍棒是件比手中无棍棒更重要的事。
宽容而饱含真诚的教育，
总是最美、最动人的，对孩子也是最有影响力的。

——尹建莉

2021年
5月23日
星期日
农历四月十二

喜欢越界的父母,表达的是对孩子的不信任和不尊重

喜欢越界的父母总是表现出对孩子的极度关心,
事无巨细的关心。
其实他眼里没有孩子,
他只是变相地表达了对孩子的不信任和不尊重。
孩子不会从中体会到爱和教育,只能体会到被侵犯。

——尹建莉

日进一寸
每日不同

扫码免费领
育儿小锦囊

教育的常识

孩子其实十分好面子

孩子其实十分好面子,
大人以为无所谓的事,孩子往往会看得很重。
大人经常随口批评孩子几句,就像平常说话一样,
可它们给孩子留下的,却是非常消极的情绪体验。
不批评、不唠叨是育儿中的"硬技术",需要家长精心练习。

——尹建莉

2021年
5月11日
星期二
农历四月十四

不要用说谎的方式
教育孩子不说谎

没有一个孩子天生愿意说谎，
如果孩子在家庭生活中是真正被尊重、被爱的，
他对父母有全然的信赖，有十足的安全感，
他就不需要在闯祸后慌乱，
也不需要隐瞒——没有害怕就没有谎言。

——尹建莉

允许孩子犯错,给足孩子面子

千万不要因为什么事逼得孩子说谎或弄虚作假,
应允许孩子犯错,给足孩子面子,不要让他难堪和痛苦。
发现孩子在什么事上说谎了,
不要急于追问和训斥,恰要先自我检讨一下,
看看是什么原因导致孩子不敢说真话。

——尹建莉

当你学会了爱自己，
才有力量去爱别人

"无私"的代价如果是憋屈自己，
那不是美德，是对自己缺德；
"自私"的前提如果是完全不管不顾别人，
为了个人利益不惜损害别人，
那是对自己和他人的双重缺德。

——尹建莉

不要给孩子消极暗示

2021年
5月28日
星期五
农历四月十七

人是很容易受到暗示的,
如果你在言语间不停地给孩子消极暗示,
不仅会破坏孩子内心的纯洁,
还有可能扭曲他的品行。

——尹建莉

这个世界上你最爱谁,就不要"得罪"谁

凡遇到有人捉弄孩子,
不管是谁,家长都要礼貌而坚决地制止。
怕得罪人?难道不怕得罪孩子吗?
这个世界上你最爱谁,就不要"得罪"谁,
如果连这点事都拎不清,就别怪自己命苦了。

——尹建莉

强迫孩子打招呼的行为
本身就不礼貌

礼貌和尊严是一个硬币的两面，
不可分割，都必须来自内心深处。
而强迫孩子打招呼的行为本身就不礼貌，
即使孩子勉强说了"阿姨好""再见"这些话，
也无非是些礼貌表演，
他体会的只是不被尊重，不会真正从内心尊重别人。

——尹建莉

育儿中必须常问自己：
我放下面子了吗

向孩子提某些要求、做某些评价、设某些期望时，感觉都是为了孩子，其实有时是介意他人的看法；以为是教育之需要，其实面子更需要——而"面子工程"必然制造出成长隐患，给未来找麻烦。

——尹建莉

教育的常识

PART 6
不幸的人用一生治愈童年，幸福的人用童年疗愈一生

孩子不是为"长大""成功""成才"活着，
孩子首先是为"童年"而活着。
我们要让自己的孩子有过做天使的经历，
不要让他生来只能做没翅膀的凡人。
践行这一点是最难的，
但它的终极收益是一份儿童节礼物的千万倍。
…………

孩子首先是为"童年"而活着

孩子不是为"长大""成功""成才"活着,
孩子首先是为"童年"而活着。
我们要让自己的孩子有过做天使的经历,
不要让他生来只能做没翅膀的凡人。
践行这一点是最难的,
但它的终极收益是一份儿童节礼物的千万倍。

——尹建莉

不少家长太擅长
发现孩子的缺点了

不少家长太擅长发现孩子的缺点了，
对孩子的优点却感觉迟钝，
整天充满了对孩子的批评和指令。
孩子心中原本可以成长起来的优点种子，
总是受到冰雹和风霜的打击，
不能很好地成长，直至枯萎或死亡。

——尹建莉

2021年
6月3日
星期四
农历四月廿三

说对了,就是教育;
说错了,就是反教育

教育中,为什么经常会出现愿望和结果的背离?
一个重要的原因,就是教育者往往只关注自己说了些什么,
没关注自己话语表象之下的潜台词是什么。
潜台词是真正对受教育者产生影响的部分。
说对了,就是教育;说错了,就是反教育。

——尹建莉

对于孩子磨蹭，不要催促

磨蹭往往是成人对孩子不体谅和催促的后果，
没有妙招，解决之道就是：
第一，要体谅孩子，不要用成人的标准来要求他；
第二，不要催促，耐心地让孩子慢慢学习做事。

——尹建莉

家长对孩子说"不"的频次，和孩子的优秀成反比

家长对孩子说"不"的频次和孩子的优秀成反比。这可以解释为什么许多精明强干、看起来爱心颇浓的家长，他们的孩子却不尽如人意。

——尹建莉

和孩子耍心机
会破坏孩子对你的信任

孩子一旦不信任家长,他就不会再听话了,
他最多可以暂时被制服,却无法形成真正属于他的选择;
他也可以长久地被征服,
结果就是无法成长为一个完整的人,
无法形成独立的意志、思想和情感。

——尹建莉

2021年
6月6日
星期日
农历四月廿六

＊全国爱眼日

真正的权威,
是建立在相互尊重基础上的

真正的权威,是建立在相互尊重基础上的。
尊重孩子,给他与自己无异的自由。
当孩子从父母那里获得充分的爱,建立起充分的信任感,
当他遇到问题时,总能得到父母的理解和帮助,
他自然会对父母表达出依恋和信赖——
父母的权威就这样出现了。

——尹建莉

把孩子当成一个"人",
而不是"弱小的人"来对待

面对一个未成年人,成年人最大的文明所在,
就是站在儿童的角度,努力理解他的所想所为,
以他乐意接受的方式对他的成长进行引导。
你必须把他当作一个"人"来平等对待,
而不是当作一个"弱小的人"来征服。

——尹建莉

从孩子的视角来看问题

学会爱孩子就要努力从孩子的视角来看问题，体会孩子的内心感受，学会如何跟孩子说话。

——尹建莉

孩子表面的"懂事"，不过是讨好

2021年
6月
10日
星期四
农历
五月初一

孩子表现出和年龄不相符的
"懂事""礼貌""关心"等现象，
是孩子长期不被尊重、心理边界被长期侵犯，
个人意志被长期践踏的后果。
表面的"懂事"不过是讨好，
是尽量让别人舒服，以憋屈自己来迎合别人。

——尹建莉

日进一寸
每日不同

扫码免费领
育儿小锦囊

暴力教育是以儿童整体的堕落和消沉为代价的

暴力教育能让孩子变得顺从,
却不能让孩子变得聪明和懂事;
能让他们变得听话,却不能让他们变得自觉和上进。
暴力教育能得到一些暂时的、表面的效果,
但它是以儿童整体的堕落和消沉为代价的。

——尹建莉

让孩子快乐是教育的王道

2021年 6月 12日 星期六
农历 五月初三

一个孩子能成长得心理健康、智力出色,
固然受很多因素影响,
但最关键的还要看他从小到大的情绪是否愉快。

——尹建莉

在心态上不苛刻的孩子

善良的人,
才是和世界摩擦最小的人,才容易成为幸福的人;
在心态上不苛刻的孩子,
长大后他的处事态度会更自如,人际关系会更和谐,
会获得更多的帮助和机会。

——尹建莉

接纳孩子的情绪

永远将接纳孩子的情绪作为第一步,
这是真正尊重孩子这个独立个体的表现。

——尹建莉

2021年
6月15日
星期二
农历五月初六

*爱利克·埃里克森诞辰日

家庭在抚养孩子的同时，孩子也培养了这个家庭

当父母有一群孩子需要抚养时，
他们一定经常面临生活的挑战，
并随着孩子的成长而一起长进。
实际上，我们可以说，家庭在抚养孩子的同时，
孩子也培养了这个家庭。

——爱利克·埃里克森

爱利克·埃里克森（1902年6月15日—1994年5月12日）

美国著名的发展心理学家和精神分析学家。他提出人格的社会心理发展理论，把心理的发展划分为八个阶段，指出每一阶段的特殊社会心理任务；并认为每一阶段都有一个特殊矛盾，矛盾的顺利解决是人格健康发展的前提。代表著作：《童年与社会》等。

坏情绪最伤孩子的身心

如果孩子经常生病,
就该特别关注一下他的情绪了。
坏情绪比垃圾食品、寒冷、饥饿等危害更大。

——尹建莉

让孩子情绪不好的一切训练，都是错的

一切对孩子的训练，只要让孩子情绪不好，都是错误的，
无论目的和理由多么正当，全部有害！
让孩子自由自在并且情绪愉悦，无所担忧，
陪孩子玩耍或阅读，
这是最高、最优的智力启蒙和情感启蒙教育，
也是修复一切生理和心理问题的最佳方案。

——尹建莉

压抑孩子的哭泣就是拒绝倾听

哭泣是孩子的语言,说明他遇到了问题。
尤其是婴儿,最初的几个月甚至只会哭。
把孩子的哭称作"要挟",这是多么敌对!

——尹建莉

孩子不会无端地哭，
家长要想办法解决而不是压制

孩子哭的时候绝不要说"不许哭"，那样是双重伤害，
而要说"没事，想哭再哭会儿"。
让孩子立即止哭的办法是愉悦、真诚地问他：
"还打算哭几分钟？两分钟行不？要么五分钟？"
经过讨价还价，孩子早没有哭的心思了。

——尹建莉

不要阻止孩子哭泣

哭是孩子的一种语言,
说明他有什么心结了,他需要家长的帮助,
如果生硬压回去,会让孩子出现心理问题,
比如暴躁或自闭。

——尹建莉

2021年
6月20日
星期日
农历五月十一

＊父亲节

2021年

6月
21日
星期一
农历五月十二
＊夏至

珍惜孩子哭的时候

孩子不会无缘无故哭泣,尽量了解他想干什么,
实在了解不了,就随他哭泣,接纳他的情绪即可。
孩子哭的时候,
正是家长和孩子沟通的最好时机,要珍惜。

——尹建莉

孩子哭，不要去哄

家长体恤孩子，总会知道他为什么而哭。
孩子哭，不要去哄，要细心去了解。

——尹建莉

2021年
6月23日
星期三
农历五月十四

坏情绪只会让事情陷入恶性循环

别让孩子在某事上有被否定感,
要让他体会到成就感和荣誉感。
好情绪才会让事情往良性循环的方向走,
坏情绪只会让事情陷入恶性循环。
用令孩子不快的坏方法来清除坏习惯,
几乎都会失败,会制造出更大的坏习惯。

——尹建莉

孩子受到伤害时，
一是转移注意力，二是心理安慰

2021年
6月24日
星期四
农历五月十五

孩子摔倒或碰撞到什么，瞬间会非常痛，
最快速有效的止痛方法是妈妈的吻，
马上说"妈妈给吻吻就不疼了"，
轻吻痛处，然后问孩子还疼不疼了。
一是转移注意力，二是心理安慰，很有效。
绝对不要指责，也不要强迫孩子不哭。

——尹建莉

尊重孩子的内向

若孩子在社交场合表现出过分内向、不善言谈，
可能会让家长感觉没面子或对孩子的将来有所担心。
这种情况下千万不要强迫孩子说话，
也不要事后批评孩子过分内向或不懂礼貌。
正确的方法是抛弃自己的面子，
不在乎别人如何看，尊重孩子的本来状态，
挑孩子某个良好表现表达欣赏，事情才会进入良性循环。

——尹建莉

孩子要的无非是一句表扬

2021年 6月26日 星期六 农历五月十七

一个在自由和肯定中长大的孩子，
他从生活环境中获得了解放和自信，
他内在的生命力量良好生长，
使他有力量把握自己，获得了支配自己的自由。
这样的孩子恰恰表现出自觉——
让自己和生活环境达成一种和解或和谐。

——尹建莉

2021年
6月 27日
星期日
农历五月十八

孩子自主意识的萌发，不是家长眼里的错误

有不少妈妈常挂在口头的话就是：
"孩子越大越不好带""孩子越来越不听话了"。
孩子自主意识的萌发，成了家长眼里的错误，
因为他们违背了家长内心已有的规则和愿望。

——尹建莉

让孩子在行动中感受到自由

2021年 6月28日 星期一
农历五月十九
*卢梭诞辰日

当孩子活动的时候,不要教他怎样服从人;
同时,在你给他做事的时候,也不要让他学会役使人。
要让他在他的行动和你的行动中,都同样感到自由。

——卢梭

卢梭(1712年6月28日—1778年7月2日)

18世纪法国启蒙思想家和教育家,启蒙运动代表人物之一。他提倡自由和平等。代表著作:《忏悔录》《爱弥儿》等。其中,《爱弥儿》是教育史上的一部重要著作,贯穿全书的中心思想是如何培养适于未来理想社会的新人,倡导自然教育和儿童本位的教育观。

PART 6　不幸的人用一生治愈童年,幸福的人用童年疗愈一生

2021年
6月29日
星期二
农历五月二十

*圣埃克苏佩里诞辰日

只有用心才能看到事物的本质，最重要的东西眼睛是无法看到的。

——圣埃克苏佩里

> **圣埃克苏佩里**（1900年6月29日—1944年7月31日）
>
> 　　法国文学史上最神秘的传奇作家。他毕生崇尚自由，致力于从航空探索人生与文明。他在1944年的一次航拍侦察任务中失踪，从此他的传奇生涯伴随着小王子共同消失天际。代表著作：《小王子》等。

日进一寸 每日不同

扫码免费领 育儿小锦囊

教育的常识

不要刻意上进

逼自己上进，大方向就错了，南辕北辙，
因为"逼自己"就是启动了虚假生活模式。
不要刻意上进，别自责，
多读书，做感兴趣的事，做真实的自己。

——尹建莉

教育的常识

PART 7
不限制、不打扰，就是对孩子想象力、注意力的最好培养

经常有人问我如何培养孩子的想象力，
我的答案是：想象力不用培养，不限制就是培养。
注意力不需要培养，越培养越涣散，
"不打扰"就是最好的培养。
培养孩子的进取心和要求孩子有进取心，
这是完全不同的两回事。
不要把"养成好习惯"这句话挂在口头上。
对孩子"苦口婆心"，是一种错误的交流方式，
和孩子说话，要带着蜜。

…………

想象力不用培养，
不限制就是培养

2021年
7月1日
星期四
农历五月廿二

经常有人问我如何培养孩子的想象力，
我的答案是：想象力不用培养，不限制就是培养。
在教育上，并非家长做得越多越好，有时恰恰相反。
尤其在培养孩子想象力方面，
我认为"少就是多"是一条黄金法则。

——尹建莉

2021年

7月2日

星期五

农历五月廿三

不要阻止孩子的好奇心，给他一些"搞破坏"的机会

只有在一个自由的灵魂中，
才能产生真正的思考，才能产生想象力和创造力。
不要阻止孩子的好奇心，给他一些"搞破坏"的机会。
假如孩子在自己家中活得缩手缩脚，
经常因为一些无心之过遭到批评和责骂，
家庭就没有为他提供最适宜的成长条件。

——尹建莉

"不打扰"就是对孩子注意力最好的培养

如何培养孩子的注意力,这是个伪问题。
注意力不需要培养,越培养越涣散,
"不打扰"就是最好的培养。

——尹建莉

把注意力投注在对错问题上，对思考和探索就无暇顾及

人的注意力有限，
儿童的注意范围更狭窄，能量十分有限，
如果把注意力投注在对错问题上，
对思考和探索就无暇顾及。

——尹建莉

无端地、经常地打扰孩子，会破坏他的注意力

儿童的智力发育、注意力的形成、
兴趣的发展都离不开某种"沉迷"。
看似无聊的玩耍，
却是孩子对未来真正的学习研究进行的"前期准备工作"。
无端地、经常地打扰孩子，会破坏他的注意力，
使他以后很难集中精力做一件事情，
同时也会失去对事物的探究兴趣。

——尹建莉

提高选择力的三要素

每天每件事都面临选择,要提高自己的选择力,有三要素:

1. 极尽诚实;
2. 极其简单;
3. 极度自爱。

——尹建莉

培养孩子的进取心，
而不是要求孩子有进取心

2021年
7月7日
星期三
农历五月廿八
*小暑

培养孩子的进取心和要求孩子有进取心，
这是完全不同的两回事。
前者关心自己应该做什么、怎样做，
才能为孩子天性的奔流营建一条畅通的河道，
而不形成阻拦，本质上他信任孩子。
后者关心的是孩子做了什么，
考量孩子怎样才是有上进心的，
他的任务是督促和评价，本质上是不信任孩子。

——尹建莉

真正的原谅是不需要原谅

经常看到有家长用宽宏大量的态度对孩子说"我原谅你了",
这其实是句糟糕的话。
儿童是尚未成熟的人,需要在肯定中确立自信。
如果在亲子关系里还存在家长的原谅,
他听到的其实是不满和批评。
真正的原谅是不需要原谅,宽恕的最高境界是没有宽恕。

——尹建莉

2021年
7月9日
星期五
农历五月三十

成年人的反馈决定儿童的自我价值感

孩子不小心撞了妈妈，
若妈妈生气，孩子会立即对自己做出负面评价——
失误就是差劲，就是对他人不敬。
如果妈妈给予宽容，
孩子就会对失误有正面认识，
行为上会自动改进，心理上也会积淀出一份爱和自信。

——尹建莉

好习惯是如何养成的

习惯的培养如果不是首先基于接纳，而是基于改造，造成损害几乎是必然的。
好习惯的养成，首先是理解的问题，然后才是培养的问题。

——*尹建莉*

不要把"养成好习惯"这句话挂在口头上

2021年
7月11日
星期日
农历六月初二

家长不要把"养成好习惯"这句话挂在口头上,
不要在细节上和孩子纠缠。
"养成"必须是件自然发生的事。
对孩子体恤些、宽容些、信任些,
允许他做得不好,不过分指导和控制,
让他有机会慢慢练习和调整自己。
一个孩子能健康自然地成长,他其实就是在养成好习惯。

——尹建莉

不要拿自己的孩子和别人比

人和人真是不一样的,每个人都有自己的长处和短板。
家长不要拿自己的孩子和别人比。
孩子最可爱的地方不是他像谁一样优秀,
而是他有自己的特点。
人非常相同的一点就是,每个人都是各不相同的。

——尹建莉

对于必须要让孩子承受的一些痛苦，大人应有几个原则

原则一：平静自若，不要表现出焦虑；
原则二：对于为什么要这样做，
用孩子能听懂的语言向他说明；
原则三：对孩子所要承受的痛苦如实相告，
尽量不夸大也不要过分缩小；
原则四：激发孩子的勇气；
原则五：绝不通过哄骗或收买的方式达到目的。

——尹建莉

只要你做得对，
孩子总会有满意的表现

在养孩子的过程中，有时之所以焦虑，是因为我们急躁。
不要急，慢慢等待，
只要你做得对，孩子总会有满意的表现回报。

——尹建莉

吃喝拉撒的事全都不是事，把它当成事，它就来找事

在吃饭、睡觉、大便等日常生活问题上，
不要对孩子进行过度训练，随意一些，顺其自然，
否则可能会解决了一个问题而生出数个问题。
吃喝拉撒的事全都不是事，把它当成事，它就来找事。

——尹建莉

爱孩子，要他健康，
从不给他喂饭、不给他夹菜开始

吃饭是天天要发生的事，
如果家长总在吃饭的事上过度用力，甚至焦虑，
软硬兼施地要孩子多吃几口，
就是天天给孩子添堵，时间长了会得大病，
或生理，或心理。
爱孩子，要他健康，从不给他喂饭、不给他夹菜开始。

——尹建莉

孩子吃饭吧唧嘴怎么办

孩子吃饭吧唧嘴我是这样解决的:
发现女儿圆圆有这个问题后,我从没提醒过她,
而是吃饭时提醒她爸爸:
"爸爸你吃饭有点吧唧嘴,注意点。"
圆圆听到了,自然会注意自己。
待下次发现她吃饭又声音大,就再提醒爸爸。
当然,这是提前和爸爸打好招呼的。

——尹建莉

餐桌不是装高雅的地方

餐桌应是轻松愉悦的地方,不是装高雅的地方。
真正的餐桌礼仪是谁也不强迫谁吃什么、吃多少、如何吃。
在家庭中,如果餐桌气氛紧张,
就别指望整个家庭气氛和谐。

——尹建莉

把餐桌搞成教训孩子的地方，是最让孩子反感的事

吃饭时间往往交流比较多，
大家坐在一起放松地吃饭、说话，这每个细节都是教育。
即使什么也不说，有爱在流动，孩子就已经受教了。
把餐桌搞成教训孩子的地方，是最让孩子反感的事。

——尹建莉

孩子可以光脚在地上跑

孩子喜欢光脚在地上跑,管不住,怎么办?
不用管,可以光脚跑。
过度管制的消极后果非常多,
轻则让孩子不快,重则会伤害孩子心理。

——尹建莉

孩子为什么爱玩儿游戏

2021年 7月 21日 星期三 农历六月十二

一个孩子如果长期钻进游戏里不肯出来，
以至于成为一种病态，
那是因为游戏外的世界让他感到枯燥、不快或自卑。
我坚信使人堕落的不是游戏本身，
而是心灵的空虚，或某些素质的缺失。
那些在游戏中堕落的人，
即使没有电脑游戏，也会有别的什么东西使他不能自拔。

——尹建莉

2021年
7月22日
星期四
农历六月十三
＊大暑

"瘾"是一种心病，心理健康的人不会得

在任何事情上，
只要家长做出好榜样，而且信任孩子，
不总以狐疑的眼光打量孩子，
孩子没有为某件事长期和家长处于拉锯战中，
那么孩子就不会对一种内涵不深的东西有太长久的兴趣。
"瘾"是一种心病，心理健康的人不会得。

——尹建莉

"网瘾"不是病，是顶假帽子

儿童都需要玩耍，
会天然地陷入对某种玩耍的迷恋，
也会天然地管理好自己。
凡不会管理自己的，
都是因为别人一直在管他，自我管理的权利被剥夺。
所谓沉迷网络或其他某件事情，
不过是一个正常孩子对外部错误管制的消极反抗。

——尹建莉

面对小婴儿，
不妨做个"话痨"父母

不要因为小婴儿听不懂话，就不对他说话。
婴儿虽然不会说话，也不会回应父母，
但父母讲给他的每一句话，
都会在他纯净如白纸般的意识里留下痕迹，
成为滋养他生命的清泉。

——尹建莉

分享给新手妈妈

2021年 7月25日 星期日 农历六月十六

经常用手轻轻摩挲婴儿皮肤——浑身上下每个地方，
这个动作会给母子带来极大的愉悦，
你会观察到孩子在这个动作中有多享受。
特别是孩子平躺着时，手来回滑动抚摸他的双膝，
孩子会自动地伸懒腰——这是个极好的保健动作，
对孩子身心两方面都好，那一瞬间的小模样也极为可爱。

——尹建莉

2021年
7月26日
星期一
农历六月十七
＊荣格诞辰日

父母不要死气沉沉地生活

父母死气沉沉地生活，对周围人，特别是自己孩子的影响，是无比巨大的。

——荣格

荣格（1875年7月26日—1961年6月6日）

　　瑞士心理学家。他创立了荣格人格分析心理学理论，把人格分为内倾和外倾两种，主张把人格分为意识、个人无意识和集体无意识三层；创立了荣格心理学学院。代表著作：《红书》《无意识心理学研究》等。

对孩子"苦口婆心",
是一种错误的交流方式,
和孩子说话,要带着蜜

对孩子"苦口婆心",是一种错误的交流方式。
想和孩子沟通,就做个"甜口童心"的人吧,
这是最简单、最有效也最有营养价值的交流方式。
它其实也适用于成年人亲密关系间的交流。

——尹建莉

多让孩子在实践中懂得道理

要使孩子"明白道理",
不要仅仅把道理告诉孩子,
必须首先让孩子有机会在实践中连续不断地获得经验。

——尹建莉

少唠叨也是一种教育方法

教育上，如果不知道如何说有效的话，
最好的办法是闭上嘴，
少唠叨也是一种教育方法。
看似不作为，总比乱作为好。

——尹建莉

唠叨没有恶意,却是一种恶习

一个人在什么事上被唠叨得越多,往往做得就越差。
唠叨没有恶意,却是一种恶习,
像小刀子,一点点割伤孩子。
如何发现自己爱唠叨?
经常看看孩子的反应,
如果孩子常因为你的某些言语或指令不愉快,就要注意了。

——尹建莉

唠叨是家里的甲醛，浓度越低越好

密不透风的"教导"不是对孩子负责，而是扭曲，会让孩子变得一身问题。
唠叨是家里的甲醛，浓度越低越好。

——尹建莉

教育的常识

PART 8
家不是讲规矩的地方

真正的教育，从来不是给孩子定规矩。
立规矩造成的后果就是对孩子限制太多，
使孩子的大部分能量用于和家长对抗，
同理心、自控力等无法充分发展。
平时不被规矩捆绑的孩子，自然大方，
遇到该遵守规则的事反而特别配合，特别有分寸。
你是不是孩子眼里那个"不听话"的家长。

家规应该是无规

家是讲爱与舒适的地方，不是讲规矩的地方。
因为不被约束或打压，孩子得到了很多爱，
他心中的这份爱也会自然地流淌向爱他的人。

——*尹建莉*

真正的教育，
从来不是给孩子定规矩

真正的教育，从来不是给孩子定规矩，
而是用一颗爱心提供自由。
只有在一个广阔而不压抑的环境里，
孩子才能让生命力绽放，成为他自己。
而一个人只有成为自己，才是最美的样子，
既能为自己谋幸福，也能为他人造福祉。

——尹建莉

规矩太多，难成方圆

2021年 8月3日 星期二
农历 六月廿五

在儿童教育中，恰恰是"规矩太多，难成方圆"。
儿童首先需要的是体验，规则必须在体验中慢慢习得。
让儿童首先成为一个孩子，他才可能成为一个完善的大人。

——尹建莉

给孩子立规矩的弊病非常多

立规矩造成的后果就是对孩子限制太多，
使孩子的大部分能量用于和家长对抗，
同理心、自控力等无法充分发展。
用不着立规矩，做榜样就够了。
平时不被规矩捆绑的孩子，自然大方，
遇到该遵守规则的事反而特别配合，特别有分寸。

——尹建莉

童年的首要任务不是学习规矩

2021年
8月
5日
星期四
农历
六月廿七

很多家长把"定规矩"当作教育，
这种对教育的浅薄理解，
客观上严重剥夺了儿童的自由意志。
童年的首要任务不是学习规矩，而是发展自由意志。
童年可以在物质生活上贫穷，但精神生活上不可以贫瘠。

——尹建莉

如何让孩子学会守规矩

自由是规矩存在的土壤,
自由的孩子才能成为自觉的孩子。
成人可以给孩子呈现规则,却不能强迫孩子执行规则。
在规则教育中,
家长的榜样作用和包容心远比强制更能让孩子学会守规矩。

——尹建莉

让孩子看到规则之美，心悦诚服地接受

如果有什么规则特别需要孩子服从配合，
要想办法，通过合理的方式，
让孩子看到规则之美，心悦诚服地接受。

——尹建莉

被处处管制的孩子
才会产生心理障碍

相比"控制","纵容"是更理想的家庭成员相处模式,
尤其对于孩子,在道德和安全的底线之上,
几乎可以同意他们去做一切愿意做的事情。
这样不会惯坏孩子,
相反生命受到的阻碍越少,成长越健康。

——尹建莉

所有智力方面的工作
都要依赖于兴趣

——皮亚杰

皮亚杰（1896 年 8 月 9 日—1980 年 9 月 16 日）

瑞士儿童心理学家、教育家，发生认识论创始人。他创建的儿童认知发展理论，促使人们转换观察和思考儿童的视角，当其他人都在问孩子知道什么以及何时会知道时，皮亚杰却在探求孩子是如何知道的。代表著作：《教育科学与儿童心理学》等。

2021 年 8 月 9 日 星期一 农历七月初二

＊皮亚杰诞辰日

规则教育有一个错误倾向

规则教育有一个错误倾向,
就是成年人过度一厢情愿地
把自己对生活的谨小慎微推广到孩子身上,
而不顾及儿童的天性及规则的合理性。
伪规则并不能真正教会孩子守规则,
却会让孩子变得庸俗或更不守规则。

——尹建莉

说得少比说得多难，
放手比管制难

2021年
8月11日
星期三
农历七月初四

处处用"规矩"来制约孩子，
表面上很辛苦，实际上是最容易的做法。
在教育孩子上，说得少比说得多难，放手比管制难。
总的来说，
做加法需要能力和苦力，做减法需要智慧和善意。

——尹建莉

2021年
8月12日
星期四
农历七月初五

定规矩、严格管教容易，给孩子自由则难

在教育中，
定规矩、严格管教是最容易的，
给孩子自由则难。
当下从家庭到学校，都是做得太多而不是太少，
这导致下一代作为独立生命赢取的机会反而减少。

——*尹建莉*

各种规则和要求，往往打造出一个刻板者、自卑者和偏执狂

2021年
8月13日
星期五
农历七月初六

面对幼小的孩子，
如果家长不能首先想到如何给孩子自由，
而是如何对孩子进行规范，
尤其在一些无关紧要的生活细节上，
向孩子提出大大小小的各种规则和要求，
那么他几乎不可能培养出一个健康的孩子，
只可能打造出一个刻板者、自卑者和偏执狂。

——尹建莉

PART 8　家不是讲规矩的地方

日进一寸
每日不同

扫码免费领
育儿小锦囊

让孩子看到父母相爱的样子

父母在孩子面前可不可以亲热?
必须的,一定要让孩子看到父母相亲相爱的样子。
但要守住两个原则:
1. 真诚不做戏;
2. 要有爱的表达,不要有性的意味。

——尹建莉

不要强行"黏"孩子

2021年
8月15日
星期日
农历
七月初八

家长只要有时间,就尽量多陪孩子一起玩儿,
玩儿什么都可以,开心就好,切忌弄得孩子不高兴。
充斥着孩子笑声的时光将成为记忆中的珍宝,千金难买。
同理,如果孩子某些时段不喜欢家长打扰,
也不要强行"黏"孩子,要尊重孩子的感觉。

——尹建莉

不要在任何事情上
把自己的想法强加给孩子

家长一定要意识到自己和孩子是完全独立的两个人,
两者之间是平等的。
家长必须尊重孩子的自主选择,
不要在任何事情上把自己的想法强加给孩子。

——尹建莉

告诉孩子，
有什么要求都要勇敢说出来

告诉孩子，如果你内心有什么愿望，
无论父母同意不同意，都要说出来，
要勇敢地表达自己的意愿和要求，
不要猜测父母的想法。
你说出来，父母才能知道你的需求。

——尹建莉

开"提意见会"的价值

开"提意见会"的价值不在于改造孩子,
而在于让孩子郑重其事地获得表达权,
并且感受到交流方式的重要性。

——尹建莉

2021 年
8 月
19 日
星期四
农历
七月十二

给孩子一个选择，
而不是给他一个命令

如果特别希望孩子做出家长期望的选择，
就不要让孩子在"是"与"否"间选，
不要给他说"否"的机会，
而要在"是"的框架里给他一个 A 与 B 的选择。
总之，要给孩子一个选择，而不是给他一个命令。

——尹建莉

不要用"嫁祸"的方式教育孩子

有的家长习惯于用"嫁祸"的方式教育孩子,
比如,"就因为你哭个不停,我刚才切菜时分神,
把手割伤了""你不听话,把妈妈气得发烧了",等等。
这些话会损害亲子感情,
也会让孩子学会矫情和自私,要避免。

——尹建莉

关心孩子，
不要想到什么说什么

家长和老师都关心孩子，但不要想到什么说什么，
要关注你的话到孩子那里会转化为压力还是动力，
是让孩子紧张还是放松。

——*尹建莉*

2021年
8月21日
星期六
农历
七月十四

日进一寸
每日不同

扫码免费领
育儿小锦囊

先学会和自己的孩子相处，才能学会和别人的孩子相处

只有先学会和自己的孩子相处，
才能真正学会和别人的孩子相处；
只有把耐心给予自己的孩子，
才能真正把耐心给予别人的孩子。

——尹建莉

不要把孩子当作需要教育的对象，不要企图教育他

不必经常站在孩子的对面用眼睛盯着他，
动辄告诉他些什么。
最好是拉着他的手，
和他站在同一边，一起向前看去，
父母看得远，孩子才能看得远。

——尹建莉

2021年
8月
23日
星期一
农历
七月十六

＊处暑

2021年
8月24日
星期二
农历七月十七

你是不是孩子眼里那个"不听话"的家长

无论家长多么爱自己的孩子,
如果经常向孩子提出"听话"的要求,
并总是要求孩子服从自己,
他骨子里就是个权威主义者,
他潜意识中从未和孩子真正平等过。
在孩子眼中,他只不过是个"不听话"的家长。

——尹建莉

父母不要总抓着孩子的小辫子不放

父母不抓小辫子，不批评，正面鼓励，
让孩子知道自己在改善，越做越好，这是最好的。

——尹建莉

赞美孩子不要大而无当

赞美孩子时,最好具体地说孩子什么事情做得好,
如何好,少用空泛的形容词;
同时,要注意言辞和口气的实事求是,
以及情绪上的饱满、真诚。
如果孩子意识到家长在故意夸大其词,
赞美了他根本没有的优点,
孩子不仅不会产生荣誉感,
反而会产生羞辱感,会更不安和不自信。

——尹建莉

如何正确地指出孩子的不足

2021年
8月27日
星期五
农历七月二十

在指出孩子的不足时,
最好把自己和孩子置于一个平等的对话平台上,
友好地和孩子交流,让孩子心里放松并获得表达权。
忌讳居高临下地批评,
也不能简单地要求孩子听话、乖。

——尹建莉

如何避免对孩子无意间的伤害

家长和老师不要只满足于自己说了什么,
还要注意一下孩子听到后的感受。
经常留点心注意一下,
习惯成自然,可避免很多无意间的伤害。

——尹建莉

不要把孩子的注意力
转移到各种"比"的事情上

2021年
8月
29日
星期日
农历
七月廿二

有些家长喜欢给孩子灌输一些弱肉强食的道理，
喜欢计较一些可量化的外部得失，
比如会背的唐诗比别人多几首，
是否上了重点校，成绩排名如何，
获得了多少种证书，等等，
这其实是在给孩子未来的生活制造大麻烦。

——尹建莉

2021 年
8 月
30 日
星期一
农历
七月廿三

情商不高的人，智商就显得不重要了

降低孩子情商最"有效"的办法，
就是动不动对他发脾气，甚至打骂他，
或者是家长心怀虚荣。
与其花很多的钱、很多的心思提高智商，
不如保护好孩子的情商。

——尹建莉

儿童的每种性格缺陷都是由儿童早期经受的某种错误对待造成的。

——蒙台梭利

2021 年
8 月
31 日
星期二
农历七月廿四

*蒙台梭利诞辰日

蒙台梭利(1870 年 8 月 31 日—1952 年 5 月 6 日)

  意大利幼儿教育家,蒙台梭利教育法的创始人,倡导学校应为儿童量身定做专属环境。蒙台梭利说过,每个儿童首先都必然处于一种精神的无序期,心理活动由混乱走向有序。代表著作:《蒙台梭利教学法》《童年的秘密》等。

教育的常识

PART 9
教孩子宽容的智慧

允许孩子犯错误,给孩子自由,
本质上就是在教会孩子宽容。
经常给孩子贴标签,会给孩子一种负面强化。
你不说,孩子就不会自己改正缺点吗?
不许孩子"犯错误",
本质上就是在剥夺孩子的自由。
受气相是从家中带出来的。

············

宽容是这个世界的润滑剂

允许孩子犯错误,给孩子自由,
本质上就是在教会孩子宽容。
宽容是这个世界的润滑剂,
世上有多少痛苦和悲剧都是不宽容造成的?
而一个人不宽容性格的形成,
很可能就是从婴孩时期的一些小事上开始的。

——尹建莉

一个缺少尝试、
不犯错误的童年是恐怖的

一个缺少尝试、不犯错误的童年是恐怖的,
它并非意味着这个孩子未来活得更正确、更好。
也许恰恰相反,由于没有童年探索的铺垫,
他的认知基础反而很薄弱,
在未来的生活中不得不花费更多的力气去
辨识世界、适应生活,
很有可能一生都活在刻板、无趣和谨小慎微中,
甚至是自暴自弃的堕落中。

——尹建莉

在无关紧要的问题上，尽量不要给孩子纠错

在无关紧要的问题上，尽量不要给孩子纠错。
大致原则是：
第一，尽量减少对孩子的摆布，
不要强行让孩子接受任何他不愿意接受的事情，比如吃饭；
第二，只要在"道德"和"安全"的底线之上，
家长都可以放手，给孩子自主空间。

——尹建莉

不要阻止孩子的创造力和好奇心

不要阻止孩子的创造力和好奇心,
给他一些"搞破坏"的机会,它价值千金。
家长为此付出的不过是一点时间、一点金钱和一点耐心。

——尹建莉

不要让孩子觉得丢面子

2021年
9月
5日
星期日
农历
七月廿九

孩子犯了一些小错或闯了祸,
不用你说他也会感到不好意思,感到内疚和痛苦。
家长这时如果不顾及孩子的心理,
板起面孔说一些教训的话,
只会让他觉得丢面子,觉得烦;
孩子为了保护自己的面子,
可能会故意顶嘴或做出满不在乎的样子。

——尹建莉

日进一寸
每日不同

扫码免费领
育儿小锦囊

PART 9　教孩子宽容的智慧

经常给孩子贴标签，
会给孩子一种负面强化

经常批评孩子马虎，是一种贴标签行为，
会给孩子一种负面强化，
让他觉得自己就是个粗心大意的人。
这种自我心理暗示十分强大，会影响到他的行为表达，
真的变得越来越粗心，这又会招致家长越来越多的批评。

——尹建莉

爱的感受，永远优先于任何"能力锻炼"或"经验教训"

孩子到学校忘了带书或其他东西，
请家长送一趟，建议尽量配合。
如果实在走不开也没有别的办法，
要如实说明并向孩子道歉。
若出于让孩子长记性而故意不送，就有了惩罚性，
会让孩子觉得父母冷酷无情，得不偿失。
教育中，爱的感受要优先于任何
"能力锻炼"或"经验教训"。

——*尹建莉*

2021年
9月7日
星期二
农历八月初一

＊白露

日进一寸
每日不同

扫码免费领
育儿小锦囊

PART 9　教孩子宽容的智慧

2021年

9月8日

星期三

农历八月初二

你不说，
孩子就不会自己改正缺点吗

一些家长之所以经常批评教育孩子，
就是因为有一个根深蒂固的错误假设，
即如果自己不说，不经常提醒，
孩子就不会改正缺点，就会越来越堕落。
事实上，每个孩子都是有自尊心的，上进是他的天性，
只要不被扭曲，就一定会正常成长。

——尹建莉

说谎只是错误教育的后遗症

父母和教师如果奉行惩戒教育或常常虚言假语，
孩子会出于逃避惩罚或模仿而说假话，
久而久之，就丧失了说真话的本能。

——尹建莉

教师不仅要教给学生学问，更要培养他的兴趣爱好

问题不在于教他各种学问，
而在于培养他爱好学问的兴趣，
而且在这种兴趣充分增长起来的时候，
教给他研究学问的方法。

——卢梭

不许孩子"犯错误"，
本质上就是在剥夺孩子的自由

不许孩子"犯错误"，
本质上就是在剥夺孩子的自由。
这会出现两种后果：
孩子有可能"听话"了，
但变成了时时事事都需要人操纵的小木偶；
也可能更不听话了，
真是"三天不打，上房揭瓦"。

——尹建莉

培养一个"听话"的孩子，是件可悲的事

当一个孩子事事听命于家长，
处处循规蹈矩时，
那不是教育的成果，
而是生命中隐伏的久远的悲伤。

——尹建莉

欣赏和不许犯错
是无法兼容的两种态度

在儿童教育中,欣赏和不许犯错是无法兼容的两种态度,不可能同时"运行"。
家长满意,你就有好果子吃;
家长不满意,就给你点颜色看看。
这反而会导致孩子花很多心思和能量来揣摩和迎合家长,消耗自我成长的能量。

——尹建莉

凡事有好奇心，
比凡事不出错重要

不允许孩子犯错误，要孩子事事听命于家长，
犹如不允许学走路的孩子摔跤一样，
是以暂时的、表面的完美取代长久的、内在的完善。
就一个孩子来说，内心自信平和，比谨小慎微重要；
凡事有好奇心，比凡事不出错重要；
有自我选择的勇气，比选择正确更重要。

——尹建莉

"为你好"是个正当理由，
但它不是孩子的诉求

如果你总是要求孩子多吃几口饭、不能光脚在地上跑、
见了阿姨必须问好、写作业不能出错……
那么，就不要指望他将来让你满意。
不是孩子不好，也不是你的出发点错了，而是你站位错了。
"为你好"是个正当理由，
但它是大人的诉求，不是孩子的。

——尹建莉

2021年
9月16日
星期四
农历八月初十

想发脾气时，马上问自己三个问题

1. 这事危险吗，要命吗？
2. 我出眼下这口恶气重要，还是孩子的未来重要？咽下这口恶气换来孩子有出息，划算不？
3. 试试这次不发火，能有什么严重后果？

这样做不是为了压抑脾气，
而是为了看透脾气的无价值感和破坏性。

——*尹建莉*

日进一寸
每日不同

扫码免费领
育儿小锦囊

教育的常识

孩子就是小时候的你

每次有打孩子的冲动时,
马上想象孩子就是小时候的你,
那你希望别人如何对待这个小小的人?
孩子确实就是小时候的你,
把自己没过好的童年重新过一次吧,
好好爱这个幼小的自己吧!

——尹建莉

打骂孩子，后果很严重

打骂孩子可能会解决眼前的一个小问题，
却给孩子的成长留下大隐患，创痕会伴随孩子一生。
经常挨打的孩子，他的身心两方面都会受到损害。
他从家长那里感受到的是屈辱，体会到的是自卑，
学到的是粗暴，激起的是逆反。

——尹建莉

孩子的脾气从何而来

2021年
9月19日
星期日
农历八月十三

如果一个孩子从小挨打受骂,
他长大后多半会用同样的方式对待自己的孩子,
同样顾及不到孩子的感受。
事实上,脾气不是来自血脉的生物遗传,
而是来自生活体验的心理传递。

——尹建莉

打孩子是一种陋习和恶习

你在弱小的孩子面前心理全部失守,
只能从体力上给自己找平衡——在爱的名义下施暴,
此时此刻你的行为如此粗野,不过是个穿西装的野蛮人。

——尹建莉

允许自己做得不完美

不要打孩子。
如果实在没忍住,
也不必过分自责,允许自己做得不完美。
给孩子真爱,爱与自由可以覆盖掉很多过失。

——尹建莉

爱国从家长不打骂孩子开始

家庭是最小的教育单位,是构成大教育的细胞,
是决定国家教育生态的土壤和水质。
成年人的很多蠢行、悲剧都是由童年创伤引发的,
打人和被打都是给不幸福的童年还债。
爱国从家长不打骂孩子开始。

——尹建莉

受气相是从家中带出来的

2021年 9月23日 星期四 农历八月十七 *秋分

如果家长能在家中真正爱孩子，从不打骂孩子，
让孩子生活得幸福，孩子内心阳光而自信，
那么他身上会自带尊严的"铠甲"，
任何人都不可能欺负到他。
受气相是从家中带出来的，
保护孩子最好的办法是家长自己不要欺负孩子。

——尹建莉

日进一寸
每日不同

扫码免费领
育儿小锦囊

PART 9　教孩子宽容的智慧

孩子有任何问题,不要指责

指责是天底下最容易的事,也是最差的做法,
孩子有任何问题,不要指责,
温和地提醒一下,然后做榜样 + 对问题假装视而不见 +
耐心等待 + 做得好就及时表达欣赏,
有这四大招,孩子的很多问题都会慢慢消失。

——尹建莉

对孩子发脾气是最糟糕的事

发脾气的短期坏处是生气,长期坏处是损害孩子心理,
导致其一生背负某种心理障碍,
要么影响幸福,要么影响前程,或两方面都影响。

——尹建莉

孩子的无心之错不是错

凡出于缺乏经验或心不在焉的过错,
只要不涉及道德问题,
都不必指责或发火,甚至不需要提出来。
孩子自己会在这种过程中感受不便和损失,
知道以后该如何做。

——*尹建莉*

打骂不仅损害孩子的心理健康，也损害智力

经常挨打受骂的孩子往往智力表现平庸，
甚至身体的协调性及动作也会受到影响，表现得笨拙。

——尹建莉

2021年 9月27日 星期一
农历八月廿一

*世界旅游日

2021年
9月
28日
星期二
农历
八月廿二

＊孔子诞辰日
＊苏霍姆林斯基诞辰日

日进一寸
每日不同

扫码免费领
育儿小锦囊

知之者不如好之者，
好之者不如乐之者。

——孔子

孔子（公元前551年9月28日—公元前479年4月11日）

春秋时期鲁国人，中国古代思想家、教育家，儒家学派创始人。他主张有教无类，即不管什么人都可以受到教育；提出了启发诱导、因材施教、学思并重、知行结合的教育原则。其言行记录于《论语》一书中。

让实际事物教给儿童思考

儿童学业落后的原因，就在于他没有学会思考。
让实际事物教给儿童思考，
这是让儿童变得聪明、机敏、勤学、
好问的一个极其重要的条件。

——苏霍姆林斯基

苏霍姆林斯基（1918年9月28日—1970年9月2日）

苏联著名教育实践家和教育理论家，被人们称为"教育思想泰斗"。他的书被称为"活的教育学""学校生活的百科全书"。代表著作：《育人三部曲》《给教师的建议》等。

教育的常识

要把无知和愚蠢区别开来

无知是正常现象,谁都有知识或认识上的盲区,
只要有基本的智力,就可以去学习并解决;
愚蠢则是"无知 + 自以为是",
不肯承认自己的错误,自大且固执。

——尹建莉

在家庭教育中，
真实是家长应该首先做到的事

真实和善良是道德存在的第一条件。
首先是真实，失去这条，善良就成了伪善，
道德也成了虚假道德。
在家庭教育中，真实是家长应该首先做到的事。

——尹建莉

教育的常识

PART 10

好品格
本身就是竞争力

面对一个弱小又有无限潜力的孩子,
与其着力培养其"竞争意识",不如专心培养他的良好品格。
每一种好品格都可以催化出他面对世界、面对困难的能力和勇气,
好品格本身就是竞争力。
始于童年的竞争很少有赢家。
如果想培养孩子的好习惯,先打量一下自己有没有坏习惯。
不要对孩子"恩威并施",要永远言行一致。
从小的阅读差别,才是重要的"输赢"差别。

2021年
10月
1日
星期五
农历八月廿五
*国庆节

好品格本身就是竞争力

面对一个弱小又有无限潜力的孩子,
与其着力培养其"竞争意识",
不如专心培养他的良好品格。
每一种好品格都可以催化出他
面对世界、面对困难的能力和勇气,
好品格本身就是竞争力。

——尹建莉

儿时不竞争，长大才胜出

很多人认为竞争意识要从小培养，
这实际上是一个认识误区。
出现这一误区有两个主要原因：
一是过分高估了"竞争"的正面意义；
二是没明白童年的主要任务是什么。
实际上，儿时不竞争，长大才胜出。

——尹建莉

2021年
10月3日
星期日
农历八月廿七

让孩子早早进入各种竞争，会让他变得羸弱无力

让幼小的孩子早早进入各种"评比"序列，去竞争，
不是给孩子助力，而是给他使绊子。
早早地把孩子推入竞争的洪流，
会削弱孩子内在的力量，让他变得羸弱无力。

——尹建莉

始于童年的竞争很少有赢家

竞争是挫折的重要来源之一。
在竞争焦虑氛围下成长，
并被迫进入竞争轨道的孩子，
更容易出现无力感、自卑感和心理失衡。
始于童年的竞争很少有赢家。

——尹建莉

教育孩子，
先看看自己分不分裂

检验教育做得好不好，
先看看自己分不分裂，
看看自己这个榜样做得如何。
知行不合一的教育，无异于掩耳盗铃，
骗的是自己，伤害的是孩子。

——尹建莉

教育即风格之培养

家长一定要注意,
你所有的言行中蕴含的价值观要和谐统一,
只有前后统一的东西,才能潜移默化到孩子身上,
并稳定在他的心中,成为他做事的风格。

——*尹建莉*

身教大于言传

身教大于言传,
这是永远颠扑不破的教育真理。
家长若想孩子自觉,自己就要自律;
如果希望孩子能养成有自控力的好习惯,
自己就一定要始终如一地自控。
真正的教养不是要求孩子怎样,而是你怎样对待孩子。

——尹建莉

要改变孩子，先改变自己

家长在思考改变孩子的问题时，
切入点永远应该是如何改变自己的教育方式。
孩子的品行习惯的养成依赖于家长的教育方式。

——*尹建莉*

2021年
10月8日
星期五
农历九月初三

＊寒露

日进一寸
每日不同

扫码免费领
育儿小锦囊

2021年
10月
9日
星期六
农历九月初四

如果想培养孩子的好习惯，先打量一下自己有没有坏习惯

几乎所有行动慢吞吞的孩子背后，
都有个心急火燎、动作麻利的家长；
所有不爱吃饭的孩子背后，
都有个喜欢一勺接一勺往孩子嘴里喂饭的家长；
所有不自觉学习的孩子背后，
都有个对作业和分数过分计较的家长……
如果想培养孩子的好习惯，先打量一下自己有没有坏习惯。

——尹建莉

父母的恶劣言行，对孩子贻害无穷

经常被苛责的孩子，学会了苛刻；
经常被打骂的孩子，学会了仇恨；
经常被批评的孩子，很容易变得自卑；
经常被限制的孩子，会越来越刻板、固执……
父母的恶劣言行，对孩子贻害无穷，
这是教育中一条被时间和无数事件验证过的真理性结论。

——尹建莉

不管孩子考多少分，都要一样地"不在乎"

家长不要一边对孩子说我不在乎你的考试成绩，
一边对孩子的成绩表示焦虑或不满。
既然说"不在乎"，就不要因任何理由表示不满，
不管孩子考多少分，
不管他丢分是因为不会还是粗心大意或其他原因，
都要一样地"不在乎"。
如果家长言行分裂，不但更打击孩子的学习兴趣，
还降低自己的威信。

——尹建莉

2021年
10月
12日
星期二
农历
九月初七

儿童人际关系的最大障碍是自卑感

儿童人际关系的最大障碍不是性格或道德素养这些东西，而是自卑感。
自卑感的来源主要是被严厉管制或身边有较差的榜样。这就是教育为什么总强调给孩子自由，为孩子做榜样。家长的主要功课，无非就这两样。

——尹建莉

日进一寸
每日不同

扫码免费领
育儿小锦囊

要教育孩子正直，家长自己就一定要言行正直

如果真爱孩子，就一定要教育他正直；
如果要教育孩子正直，家长自己就一定要言行正直。

——尹建莉

不要对孩子"恩威并施"，
要永远言行一致

希望孩子成为一个好人，不是口头告诉孩子做个好人，
而是要做个好人给孩子看。
如果家长因为孩子犯了错就打骂孩子，
过后又用各种理由证明自己打得对，
或用其他办法来补偿内疚，
自己就是个两面派。

——尹建莉

从小的阅读差别，才是重要的"输赢"差别

不重视儿童阅读是早期教育中最糟糕的行为之一，从小的阅读差别才是重要的"输赢"差别。学龄前经常看电视的孩子和经常阅读的孩子相比，上学后智力差异明显。

——尹建莉

在孩子成长初期这几年，尽可能地多陪伴孩子

2021年
10月
16日
星期六
农历
九月十一

在培养孩子的阅读习惯上，
家长要有适当的"抢位"意识，让孩子从小和图书亲近。
同时，家长也要有心理准备，
在孩子成长初期这几年，尽可能地多陪伴孩子，
经常和孩子亲子共读。
虽然可能辛苦和劳累，但最终的收获将远远大于付出。

——尹建莉

日进一寸
每日不同

扫码免费领
育儿小锦囊

没有阅读，就不可能有写作

孩子作文写得不好，没必要报写作班，
省下时间和钱，去阅读吧。
没有阅读，就不可能有写作。

——尹建莉

千教万教，教人求真；
千学万学，学做真人。

——陶行知

2021年
10月18日
星期一
农历九月十三

＊陶行知诞辰日

陶行知（1891年10月18日—1946年7月25日）

中国人民教育家、思想家。他主张生活即教育，过什么样的生活就受什么样的教育；提倡因材施教、启发式教育，反对注入式教育。代表著作：《中国教育改造》等。

阅读一定要趁早，同时一定要忌功利

阅读一定要趁早，
同时一定要培养兴趣，忌功利。
可以肯定地说，
家长只要培养了孩子的阅读兴趣，
你的教育就基本上成功了。

——尹建莉

一切教育的最终目的是形成人格。

——杜威

2021年
10月20日
星期三
农历九月十五

＊杜威诞辰日

> **杜威**（1859年10月20日—1952年6月1日）
>
> 　　美国著名哲学家、教育家、心理学家，现代教育学的创始人之一。杜威的核心教育思想，即少年儿童应该从生活中学习，在做事中学习，而不是在书本里学习。代表著作：《民主主义与教育》等。

要允许幼儿撕书

要允许孩子撕书,
对于幼儿来说,用嘴啃用手撕都是"阅读"。
绝不要因为孩子撕书就训斥孩子,
"撕"是幼儿阅读的一种必然过程。
至于撕书导致的经济损失,完全可以忽略不计,
就当给孩子买了一罐"阅读奶粉"吧。

——尹建莉

写作的进步不是靠点评，而是靠大量的阅读和练笔

2021年
10月22日
星期五
农历九月十七

与其指出孩子作文中的"问题"，
不如想办法保护好孩子的阅读兴趣和练笔兴趣，
比如对孩子的作文只说好不说差，
让孩子有写作自信和兴趣。
鼓励孩子写日记或其他小随笔，
写得多了，水平自然就提高了。

——尹建莉

亲子阅读需要多长时间

亲子阅读总是一个从陪伴逐渐过渡到不陪伴的过程。
陪孩子读到几岁,这因人而异,家长无须纠结,
家长要做的就是配合孩子的需求,
和孩子一起享受这个过程。

——尹建莉

如何给孩子选童书?
在同等级书中,选词汇量丰富的

家长给孩子选童书常见的一个误区是:
因为担心孩子看不懂,就选文字和词汇最简单的。
好的选择应该是,在同等级书中,选词汇量丰富的。
阅读就是为了丰富词汇量,不必担心孩子看不懂。

——尹建莉

给孩子选绘本或动画片的诀窍

给孩子选绘本或动画片,
最好不选成人化思维、二元对立的:
比如好人与坏人、正确与错误、疾病与健康、生与死、成功与失败等。
最好选充满童心的,
无所谓好坏,甚至"坏人"也是可爱的:
比如《米老鼠和唐老鸭》系列、《哆啦A梦》系列等。

——尹建莉

对儿童阅读的几点建议

第一，内容大致从简到难、由浅入深，难度逐步递进，但也不要过分考虑几岁读什么，年龄和阅读内容没有严格的对应。

第二，尽可能内容广泛，尊重孩子的兴趣，不妨多买几种，总会发现孩子喜欢哪些，不喜欢哪些。

第三，最好不选择同时有几种文字的，不要在阅读之上附加学英语的功能，那样会破坏阅读的乐趣。

——尹建莉

ows
阅读对写作来说，是最根本、最重要、最有效的"大技"

阅读对写作来说，是最根本、最重要、最有效的"大技"；
而抛开了阅读所讲的种种技巧，最多可以称为"小技"。
有了大技，小技不请自来；
没有大技，一切小技都没有实现的条件。

——*尹建莉*

阅读能让人看见世界，看见他人，也看见自己

借助书籍，
任何一个普通的人都会慢慢获得清晰的思考能力、
敏锐的洞察力，更少陷入盲从和愚蠢。
阅读能让人看见世界，看见他人，也看见自己。

——尹建莉

有力量逆袭的人
基本上都有这几个特征

有力量逆袭的人基本上都有这几个特征：
爱阅读，从小活得比较自由，父母富于爱心。
阅读是个人成长中最能自主操控的事。

——尹建莉

亲子关系中,需要同理心

在亲子关系中,
很多家长面对年幼的孩子时忘记自己也曾经幼小过,
丧失了基本的同理心,
无意识地把自己置于绝对权威的角色上,
让"规矩"变成"统治",让"建议"变成"命令",
让"教育"变成"刁难"。

——尹建莉

不纵容老师的错误

对孩子在学校受到老师错误对待的事情不要忍气吞声。
如果每个家长都能勇敢地去表达,
这不仅能保护自己的孩子,
还能促进校园教育生态环境的优化。

——尹建莉

教育的常识

PART 11

给学生一些事情去做，
而不是给他们一些东西去学

辅导孩子学习，
不要仅仅把功夫用在做作业、检查作业的正确性上，
这样学下去，只能让孩子越来越厌学或越来越笨。
如果能把学习融汇在日常生活中，
是非常有效的方法，事半功倍。
当孩子对一件事情感兴趣时，想要他学不好都难，
所以激发学习最高明的手段是激发兴趣。

....

2021年
11月1日
星期一
农历九月廿七

给学生一些事情去做，而不是给他们一些东西去学

当家长想要孩子的学习进步时，
不要忙着把孩子拉到作业上，花钱送到课外班里，
而应该创造些机会，
让孩子运用他学习的知识解决一些问题。
这正是美国著名教育家杜威一直提倡的：
"给学生一些事情去做，而不是给他们一些东西去学。"

——尹建莉

2021年
11月2日
星期二
农历九月廿八

把学习融汇在日常生活中

辅导孩子学习,
不要仅仅把功夫用在做作业、检查作业的正确性上,
这样学下去,只能让孩子越来越厌学或越来越笨。
如果能把学习融汇在日常生活中,
是非常有效的方法,事半功倍。

——尹建莉

一切学习活动本身都是有意义的，但不要强迫孩子去学

想让孩子学什么、参与什么活动，
要想办法唤起孩子的兴趣，吸引他。
如果找不到吸引孩子的办法，至少不要强迫他。
一切学习活动本身都是有意义的，
但如果是采取强迫的方式让孩子去学，
有意义就变成无意义，长远来看是弊大于利。

——尹建莉

不快乐的学习，度日如年

学习负担的轻和重，
往往不是以学习时间长短和强度大小来判断，
而是以学习时情绪的好坏来衡量的。
快乐的学习往往不觉时间流逝，不快乐的学习则度日如年。

——尹建莉

2021年
11月**5**日
星期五
农历十月初一

正因为我特别渴望孩子取得好成绩,我才绝不向他要分数

家长要做的是培养孩子的智慧性,
就是对知识的好奇心,爱钻研的精神,
提出问题的能力,寻找答案的兴趣,
有效的学习方法,平和的学习心态,
持之以恒的毅力,等等。
这些才能成就孩子的成绩,
才是在各种考试中胜出的决定性条件。

——尹建莉

日进一寸
每日不同

扫码免费领
育儿小锦囊

教育的常识

家长不要也跟着向孩子要成绩

2021年
11月
6日
星期六
农历
十月初二

家长也跟着向孩子要成绩，就太不明智了，
因为你要对孩子的一生负责。
从上小学就追求分数，会使孩子形成畸形的学习动机，
变得目光短浅，急功近利，
反而降低学习兴趣，影响考试成绩，破坏学习动力。

——尹建莉

2021年
11月7日
星期日
农历十月初三
＊立冬

有了兴趣和方法，才能生长出勤奋

在每一种学习活动中，"兴趣"始终重要，
呵护好了兴趣，才可能产生方法；
有了兴趣和方法，才能生长出勤奋。

——尹建莉

激发学习最高明的手段是激发兴趣

2021年
11月
8日
星期一
农历十月初四

当孩子对一件事情感兴趣时,
想要他学不好都难,
所以激发学习最高明的手段是激发兴趣。

——尹建莉

孩子为什么做不到刻苦学习

孩子并非不知道刻苦学习可以换来好成绩,他只是做不到。
当学习活动没有唤起他的愉快体验时,
他就无力调动自己的主动精神,
不由自主地表现出懒散、不刻苦、不认真等。
许多人以为这是某些"不成器"的孩子的天性,
其实是他上进的天性被扭曲了。

——尹建莉

不要简单要求孩子具有"刻苦精神"

孩子是脆弱而无助的,
不要在学习上一再地拿"刻苦"来困扰他。
不关注环境中的培养要素,
简单要求孩子具有"刻苦精神",
等同于要求一只小鸡到蓝天上翱翔一般苛刻。

——尹建莉

凡把学习与孩子的活动及兴趣割裂开的方法,都是不好的

如果让孩子在接受知识中感到愉快轻松,
他就绝不会把学习当作苦差事,而会看作享受。
不论学习什么,只要和孩子的日常活动及兴趣结合起来,
那就没有学不会的;
凡把学习与孩子的活动及兴趣割裂开的方法,都是不好的。

——尹建莉

呵护学习兴趣的重要手段

减少对孩子考试成绩的关注，
是呵护学习兴趣的重要手段之一。
家长除了对学校的排名表现出无所谓，
真的要做到不介意分数的高低，
另外也不要让周围的亲戚朋友哄抬成绩。
无论考得高低，凡有人问孩子考试成绩如何，
让孩子回答"这是个秘密，不能告诉别人"。
家长在旁边一笑了之。

——尹建莉

学古诗要避免的，恰是"过度解释"

"少讲多读。"
孩子之所以能对学习古诗有长久的兴趣，
在于家长从来不把背古诗当作一项单方面加强给他的任务，
而是当作共同的爱好，一起来慢慢享受。

——尹建莉

孩子越早接触古诗词越好

人是用语言表达思维的,
而诗歌是语言的精华,
古诗词更是精华中的精华,
它对智力启蒙和道德养成都有重要作用。

——尹建莉

只有喜爱，才能谈得上接受

背诵是为了更好地把那些诗句内化为自己的东西，
更好地体会诗歌的语言美、意境美、想象美，
而不是为了"会背诗"。
让孩子对诗歌有单纯的心境，才能产生真正的好感。
只有喜爱，才能谈得上接受。

——尹建莉

和孩子一起玩儿背诵

不要逼孩子去背诵，而是和孩子一起玩儿背诵，
应该让孩子尽早进行母语经典背诵，
这些东西迟早会转化为孩子内在的文化财富。

——尹建莉

幼儿背诵完全可以"不求甚解"

不要逼孩子去背,不要当成任务,
把背诵当游戏和孩子一起玩儿就可以了。
理解的事,交给时间,时间自然会解决。

——尹建莉

把学习和快乐对立起来，这是一种根深蒂固的错误认识

人的天性其实是爱学习的，
如果在学习上没有"奴役"过孩子，
孩子不会反感学习。
会背多少首诗说明不了什么。
诗歌是如何背会的，在什么心情下背会的，
孩子的感觉如何，这才是判断的标准。

——尹建莉

家长现在用点心，
以后省十倍力气

儿童身上有一种喜好模仿成人生活的天性，
和生活结合的学习效果更好，
源于生活的教育可以无处不在。
家长现在用点心，以后省十倍力气。

——尹建莉

2021年
11月
20日
星期六
农历十月十六

一个人，首先是一个自由的人，才可能成为一个自觉的人

家长陪孩子写作业的时间越长，
扮演的角色越接近监工。
而孩子从骨子里是不喜欢一个监工的，
最多表面上暂时屈从，内心绝不会听话。

——尹建莉

日进一寸
每日不同

扫码免费领
育儿小锦囊

PART 11　给学生一些事情去做，而不是给他们一些东西去学

不要经常陪孩子写作业

陪孩子写作业,不是培养孩子的好习惯,
而是在瓦解好习惯,
是对孩子自制力的日渐磨损。

——尹建莉

2021年
11月22日
星期一
农历十月十八
＊小雪

重复的、毫无意义的作业，最容易消磨孩子对学习的兴趣

把学习和写作业当成一回事，
把多写作业和获得好成绩联系起来，
这都是非常片面的认识。

——尹建莉

在孩子写作业的问题上,家长说得越少,孩子自觉意识越强

在孩子写作业的问题上,
首先要从内心真诚地相信孩子的兴趣和责任感,
不要焦虑,对这事不要过分热心,
那么各种和作业相关的口头禅就会少得多,
给孩子的不良暗示也会少得多。
事实上,家长说得越少,孩子自觉意识越强。

——尹建莉

2021年
11月
24日
星期三
农历十月二十

家长对 100 分的爱好，只会不断制造孩子的失落与内疚感

满分是一个成绩极限，
一般情况下大多数孩子根本达不到。
家长对 100 分的爱好，
只会不断制造孩子的失落与内疚感。

——尹建莉

阅读能促使孩子
更主动积极地去学习

阅读多的孩子,当他有意识地主动去学习的时候,
理解能力和知识储备就来帮忙了,
他较好的学习能力使他只要努力就会有成就感,
这种成就感又能促使他更主动积极地去学习。

——尹建莉

不能强迫孩子"集中注意力"

说孩子"注意力不集中"是一种错误论断。
如果一件事情本身有魅力，能吸引孩子，
孩子自然会投入注意力。
强迫孩子"集中注意力"，
从长远来看，只能让他心思涣散，
更不能专注于一件事情上，到头来严重影响成绩。

——尹建莉

2021年
11月27日
星期六
农历十月廿三

切记不要因为写不完作业对孩子发脾气

切记不要因为写不完作业对孩子发脾气,
开学前对孩子发一通脾气,
接下来的整个学期孩子都提不起学习兴趣。
温柔成就优秀,坏脾气毁坏所有。

——尹建莉

假期就是用来休闲和放松的

2021年 11月28日 星期日 农历十月廿四

孩子们放假了，很多人探讨该如何安排孩子的假期。
如果孩子有明确的愿望，想在假期做什么，
帮他安排一下是最好的；
如果没有，什么都不安排也是一种很好的安排。
假期就是用来休闲和放松的，如果假期不能完全放松，
反而不利于开学后的紧张学习。

——尹建莉

假期,把一切事情交给孩子安排

假期就是玩耍和放松的时间,
让孩子想几点睡就几点睡,想如何玩儿就如何玩儿吧,
一切事情交给他自己安排——
这意味着他可能安排得很不理想,你不用在意。
告诉你一个秘密:假期不放松,开学没精神。

——尹建莉

假期不放松，开学没精神

不要因为任何理由，
把孩子的假期弄得不愉快、紧绷绷的，
原因已说得明明白白：假期不放松，开学没精神。

——*尹建莉*

教育的常识

PART 12

养儿育女的力量
应该用在哪儿

父母的财富、学历、地位,为孩子选择的学校等,
像一只碗,有的昂贵,有的便宜。
父母的修养、学识,和孩子相处的方式及细节等,
像碗中的饭,有的营养好,有的营养差。
孩子健康与否,是取决于碗还是饭,大家都清楚。
同理,养儿育女的力量应该用在哪儿,
也是不言而喻的。

2021年

12月
1日

星期三

农历
十月廿七

养儿育女的力量应该用在哪儿

父母的财富、学历、地位，为孩子选择的学校等，
像一只碗，有的昂贵，有的便宜。
父母的修养、学识，和孩子相处的方式及细节等，
像碗中的饭，有的营养好，有的营养差。
孩子健康与否，是取决于碗还是饭，大家都清楚。
同理，养儿育女的力量应该用在哪儿，也是不言而喻的。

——尹建莉

日进一寸
每日不同

扫码免费领
育儿小锦囊

用"表现好"或"表现不好"来评价孩子是一种陋习

用"表现好"或"表现不好"来评价孩子是一种陋习,
这样会引导孩子看重表现、在意表现、习惯表现,
活得谨小慎微且不真实,
终极恶果是不会和自己相处。
教师及家长都应该戒掉这个习惯。

——尹建莉

定义孩子是"差生",
不是好家长所为

2021年
12月
3日
星期五
农历
十月廿九

定义孩子是"差生",不是好家长所为。
彻底消灭"差生"这个概念,
发自内心地赞美这个来到你生命中的小生命,
看见自己孩子的美好,
孩子就会奇迹般地甩掉那个差的标签。

——尹建莉

2021年

12月4日

星期六

农历十一月初一

让孩子学会感恩,首先成年人要心存感恩

人要学会感恩,感恩是件美好的事。
让孩子学会感恩,不是向孩子提感恩的要求,
而是成年人自己先心存感恩。
感恩一切,天地万物,一人一事,包括孩子,
并让这种感恩之情时时流露,孩子自然慢慢学会。

——尹建莉

日进一寸
每日不同

扫码免费领
育儿小锦囊

教育的常识

学习是为了孩子本人，不是为了老师

2021年
12月5日
星期日
农历十一月初二

为老师学习，时时想着"怎么应付老师"，
这个观念如果被从小灌输给孩子，
他长大了，就时时想着"怎么应付领导"。
这是一个负向的循环，
一辈子活在其中，一辈子为别人活着，从来不敢做自己。

——尹建莉

2021年
12月6日
星期一
农历十一月初三

让孩子通过自己的能力和付出赚到一些钱

家长可以提供一些机会,
让孩子通过自己的能力和付出赚到一些钱。
但一定要有游戏的心态,
让孩子体验到乐趣和成就感就够了,
不必赋予任何教育目标。

——尹建莉

不要总想用花钱的方式奖励孩子

物质奖励可以带来一时的满足,
只有精神上的愉悦才可以带来真正的幸福感。
对于今天并没有物质短缺体验的孩子,
物质奖励作用不大,它可以带来一时的满足,但不会持久;
只有精神上的愉悦和成就感,
才可以带来真正的幸福感和动力。

——尹建莉

如何对待孩子的花钱要求

孩子的花钱要求,能满足尽量满足,
不能满足要实事求是地说明原因。

——尹建莉

在零花钱上，对孩子太严格并无好处

1. 从孩子小学一年级，应每月固定给他一些零花钱，大致确定可买哪些东西后，让他自由支配。
2. 在零花钱上，对孩子太严格并无好处。这样做除了让孩子觉得父母苛刻，对于他花钱的计划性及金钱观的养成并无好处。
3. 童年时在金钱方面严重匮乏的人，成年后特别容易成为在金钱方面斤斤计较的人，表现出过分吝啬或过分贪婪。

——尹建莉

2021年
12月9日
星期四
农历十一月初六

让孩子学会光明正大地赚钱，健康得体地花钱

培养一个友爱而不唯利是图的孩子，
这是一种完整的人格健康教育，主要教材是家长。
如果家长乐于助人，不见钱眼开，
孩子也不会成为那样的人。
让孩子学会光明正大地赚钱，
健康得体地花钱，就是好的。

——尹建莉

教会孩子说自己的话

人们写作的模式和说话的模式是相似的,
都是环境影响的产物。
我们应该教会孩子说自己的话,
说清楚明白的话,说实实在在的话,说直截了当的话。

——尹建莉

良好的同伴关系能让孩子的心理得到滋养，健康地成长

引导儿童人际交往关键在两点：
第一是给孩子做出好榜样；
第二是营造豁达和善意的环境。
只要他在和同伴玩耍时是快乐的，
内心是纯净的，就是好的。
良好的同伴关系本身就是成长的营养品，
能让孩子的心理得到滋养，健康地成长。

——尹建莉

解决孩子间的冲突，
成年人要保持友好、轻松的态度

解决孩子间的冲突，
关键是成年人要保持友好、轻松的态度。
放下敌意和评判，
相信孩子有能力自己解决相关问题。
如果成年人不把自己人际关系中的负能量投射给孩子，
孩子们就会友好相处。

——尹建莉

2021年
12月
14日
星期二
农历十一月十一

逼孩子说"对不起"，伤害孩子的友爱心

对孩子的一点无心之过，
成年人如果不能表现出体恤，
而是大惊小怪，上纲上线，
逼迫孩子说"对不起"，
这样就会伤害孩子的友爱心。

——尹建莉

孩子和小朋友闹纠纷，家长应持什么态度

不严重的情况下，假装没看见，
把矛盾留给孩子们自己解决；
较严重时，简单地拉开即可，
不必计较自己的孩子是吃亏了还是占便宜了。
我把这种方法总结为"三不原则"：
不生气，不介入，不怕吃亏。

——尹建莉

当孩子逐渐长大，
父母要开始设定边界

当孩子逐渐长大，
父母要开始在给予和获得的关系上设定边界，
使得孩子可以慢慢学习离开家，过独立的生活。

——伯特·海灵格

> **伯特·海灵格**（1925年12月16日—2019年9月19日）
>
> 　　德国心理治疗师，"家庭系统排列"创始人，被誉为"西方的老子"。他提出的"家庭系统排列"是心理咨询与心理治疗领域一个新的家庭治疗理念，已成为欧美临床心理学界的热门课题。代表著作：《谁在我家》《活出内在的力量》等。

孩子在外面受了欺负，家长不能袖手旁观

孩子在外面受了欺负，家长不能袖手旁观，
一定要让孩子知道你是他最可信赖的人。
孩子能从你这里得到保护和安慰，
遇到了事情，他才敢跟你说。

——尹建莉

让孩子学会"不吃亏"对不对

很多家长对孩子说:我们不欺负别人,
但也绝不让别人欺负,
如果别人打你,你必须还手。
这样一种教导,可能让孩子学会不吃亏,
但人生很长,"不吃亏"到底是一道护身符,
还是一种隐患?
发生在成年人世界中的无数事实已让我们看到,
从不吃亏的人或报复心重的人,
反而活在十面埋伏的危险中。

——尹建莉

别让孩子在青春期
对异性有好感产生负罪感

不安和自责,
是每个孩子在青春期对异性产生好感时都会有的,
发展得严重了甚至是一种负罪感。
这种感觉不仅不会使少男少女对异性的兴趣降低,
反而会刺激兴趣增长。

——尹建莉

孩子喜欢异性怎么办

如果孩子在家长和学校的压力下,
觉得喜欢异性是不洁的、不道德的,
他们就会表面上任性行事,不听家长的话,
内心却彷徨迷失,自我鄙视。
只有孩子自尊自爱,
在青春期和异性交往时觉得坦然、正常,
才能产生自信和理性,才能做到端庄自在,
才能有自我控制的能力。

——尹建莉

用有教养的方式引导孩子，才能让孩子变得有教养

孩子间亲亲抱抱拍拍，就只是亲亲抱抱拍拍，
远没有成人想的那么复杂。
成人用纯洁的眼光看待，
才能让孩子知道自己是纯洁的；
用有教养的方式引导孩子，才能让孩子变得有教养。

——尹建莉

每个孩子都有可能遇到"坏同学"

每个孩子都有可能遇到"坏同学",
家长如果需要出面,
目的应该是帮助孩子解决问题,
化解矛盾,而不是去报复。
爱孩子,就帮他创造一个和谐的局面,
不要给他制造麻烦。

——尹建莉

成人是如何在无意中挑拨孩子之间关系的

家长们经常抱怨说现在的孩子不懂得忍让，
归因于独生子女问题，或是溺爱问题。
其实根本原因是家长们对孩子间的矛盾介入太多了。
没必要地介入，或不恰当地介入，
一方面会激化孩子间的矛盾，
另一方面也没给孩子留下学习解决人际关系问题的机会。

——尹建莉

一个理想的幼儿园应该是什么样的

一个理想的幼儿园应该是这样的:
孩子们头脑中没有"好孩子""差孩子"的概念,
没有"表现好"与"表现差"的区别,
他们可以轻松愉快地玩耍,不必担心受到批评和惩罚。

——尹建莉

让圣诞老人每年都来

2021 年
12 月 25 日
星期六
农历十一月廿二
＊圣诞节

圣诞老人每年都来的意义不在于礼物本身，
而在于这份惊喜，
惊喜是另一层更有价值的享受。

——尹建莉

不到万不得已，不要把孩子送全托

让孩子上全托幼儿园，就是人为制造留守儿童。
不到万不得已，不要把孩子送全托，
一定要让孩子每天回家，每天能和父母见面。

——尹建莉

母（父）爱是最好的学校

不要为了择校等任何外部的原因而让孩子早早去寄宿，
哪怕这个原因看起来很诱人。
母（父）爱才是最好的学校，
奠定了一个孩子的生命底色；
对孩子的用心陪伴，本身也是对母（父）亲的滋养。

——尹建莉

2021年
12月28日
星期二
农历十一月廿五

不要说"你的字写得有进步了"，应该说"今天的字写得真好"

不是说不能表扬孩子，孩子十分需要肯定。
但要注意的是，肯定时不要大而化之，要就事论事。
比如写字，不要说"你的字写得有进步了"，
应该说"今天的字写得真好"。

——尹建莉

日进一寸
每日不同

扫码免费领
育儿小锦囊

教育的常识

"逼着他适应",
对孩子是非常大的伤害

2021年
12月22日
星期三
农历
十一月廿六

如果孩子十分抗拒幼儿园,
可以暂时不去,缓缓再说,
这是下策,但不是最坏的选择。
最坏的选择是家长不想办法,只一味地逼孩子适应。
"逼着他适应"是对孩子非常大的伤害,
毒性会蔓延很多年,伤害孩子很深。

——尹建莉

选择幼儿园的几点建议

第一，好幼儿园是一个"玩耍"的场所，
而不是"上学"的场所；
第二，好幼儿园一定有好做派，
好做派是从招生开始就能让人感觉到的；
第三，在安全的前提下，
规则越少、越自由的幼儿园越好。

——尹建莉

幼儿教育的任务是启蒙

2021年
12月31日
星期五
农历十一月廿八

幼儿教育的任务是启蒙,
不是灌注散碎的简单知识。
在自由和快乐中,
孩子的能量才能被激发出来;
在压抑和束缚中,
所谓"教育"则变成给孩子的成长使绊子。

——尹建莉

爱 TA 就如 TA 所是，而非如我所愿

我们要让自己的孩子有过做天使的经历，
不要让他生来只能做没翅膀的凡人

LOVE